Andreas Müller

Abpfiff

Bücherwürmer wissen mehr

Dieses Projekt zur Lese-Verständnis-Förderung von Rotary International und Inner Wheel wird von den Rotary-Clubs und den Inner Wheel-Clubs in den deutschen Distrikten finanziert.

Für ______________________

Toll, dass du mitgemacht hast!

Und was liest du jetzt?

Rotary ist eine Organisation aus führenden Geschäfts- und Berufsleuten, die sich dem Dienste am Mitmenschen widmen, hohe ethische Grundsätze in allen Berufen fördern und für die Verbreitung des guten Willens und des Friedens in der Welt wirken.

Das Projekt wird außerdem unterstützt vom BVK Buch Verlag Kempen.

Andreas Müller

Abpfiff

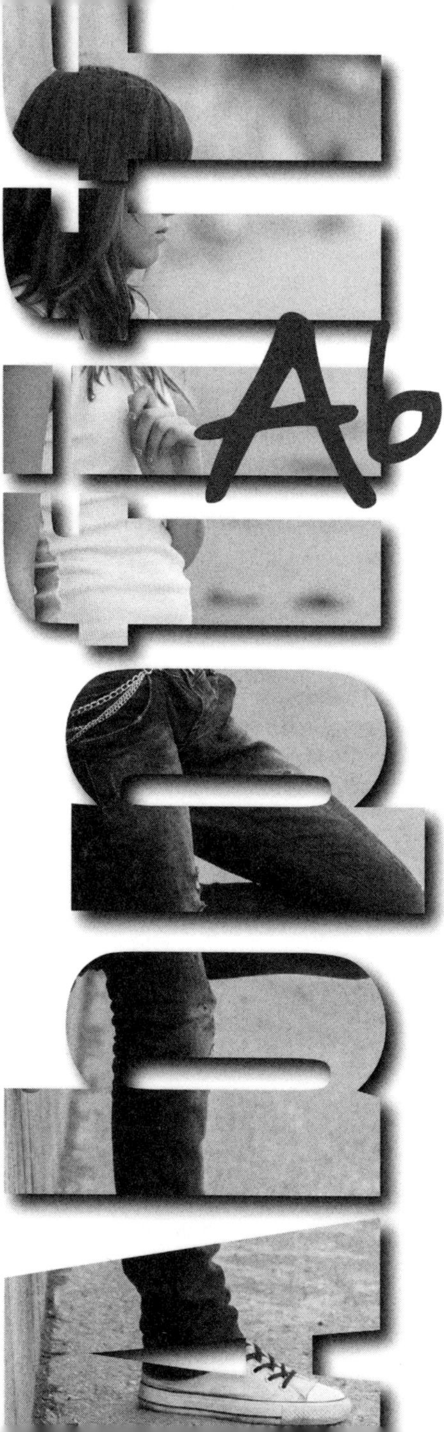

Andreas Müller lebt in Willich und arbeitet als Konrektor an einem Gymnasium. Er ist Autor von Begleitmaterialien zur Literaturvermittlung und praktischen Philosophie und verstärkt in der Elternberatung tätig.

Zu diesem Taschenbuch ist folgendes Begleitmaterial erhältlich:
- Literaturprojekt zu „Abpfiff" (Best.-Nr.: LP107, ISBN 978-3-86740-438-9)

Bibliografische Information der Deutschen Bibliothek
Die Deutsche Bibliothek verzeichnet diese Publikation in der Deutschen Nationalbibliografie; detaillierte bibliografische Daten sind im Internet über http://dnb.ddb.de abrufbar.

www.buchverlagkempen.de

3. Auflage, Kempen 2018

Nach der neuen deutschen Rechtschreibung

Lektorat: Ilka Bonten, BVK
Umschlaggestaltung: Natalie Hoffmann, BVK, unter Verwendung der Fotos: © prudkov / Shutterstock.com (Mädchen); © donatas1205 / Shutterstock.com (Struktur)
Gestaltung: Natalie Hoffmann, BVK
Druck / Bindung: GrafikMediaProduktionsmanagement GmbH, D-Köln

Printed in Europe

Best.-Nr.: LI70, ISBN 978-3-86740-437-2

Inhalt

1. Kapitel

Die Halle bebte! Johanna wagte einen Blick auf die Tribüne. Die Fans feuerten sie lauthals an. Doch dann schaute sie wieder auf den Ball. Jetzt musste sie hundertprozentig konzentriert sein. Der Gegner war stark – sehr stark. Das hatte ihr Trainer Thorsten dem Team immer wieder eingeschärft. Aber Thorsten hatte auch gesagt, dass sie es schaffen könnten – sie mussten nur einfach alles geben. Alles geben, das wollte Johanna nur zu gern, aber ihr Knie hatte ihr in letzter Zeit immer mehr Probleme bereitet. Mal wieder. Doch sie hatte niemandem von ihren Schmerzen erzählt. Sie fürchtete, dass Thorsten sie nicht spielen lassen würde. Sie war gut, sehr gut, und Thorsten brauchte sie. Andererseits war der Trainer unberechenbar. Thorsten war ehrgeizig. Er wollte sein Team an der Spitze. Ein zweiter Platz war eine Niederlage. Für den Erfolg gab er alles. Diesen Sommer hatte Thorsten seinen ganzen Urlaub geopfert – nur, um sie zu trainieren. Sie waren ihm den Sieg schuldig.

Johanna war mit ihren Gedanken weit weg, als der Pass kam. Sie sah den Ball in letzter Sekunde auf sich zukommen, machte aus der Hüfte heraus noch eine Drehung – ein kläglicher Versuch, den Ball doch noch zu erreichen – und landete auf dem Hallenboden. Da lag sie plötzlich, wie ein nasser Wischmob. Alles wäre halb so schlimm gewesen, wenn ihr ganzer Körper die Drehung mitgemacht hätte. Aber ihr linkes Bein blieb einfach am Platz. Ausgerechnet das linke Bein! Die Sohle ihrer Turnschuhe schien am Boden festzukleben. In ihrem Knie entwickelte sich in Sekundenschnelle ein Schmerz, der ihr den Atem nahm. Da lag sie nun auf dem Hallenboden, nahm alles nur noch wie gedämpft wahr – dann der Pfiff. *Steh auf, Johanna! Es muss einfach gehen. Du schaffst das. Denk nicht an den Schmerz.* Johanna erhob sich langsam. Der Schiedsrichter kam auf sie zu: „Geht's?"

Johanna nickte. Sie kämpfte mit den Tränen – doch das sah der Schiri nicht. Das Spiel ging weiter. Was war nur los? Sie hatte sich doch schon oft verletzt.

Ihre Mannschaft stürmte schon wieder nach vorn. Das gegnerische Tor im Auge, versuchte sie mitzuhalten. Dann zog Thorsten die Time-out-Karte. Johanna wusste sofort, dass diese Unterbrechung ihr galt. Schnell versammelte sich die Mannschaft beim Trainer. „Sag mal, was soll denn das?", fragte Ruth angesäuert. „Du hast doch gesehen, dass wir gerade in einem genialen Konter waren?! Was holst du uns da vom Feld?"

Thorsten ignorierte Ruths Gemecker. „Was ist los? Kannst du spielen?", war die knappe, an Johanna gerichtete Frage. Alle schauten auf sie.

„Schon!", erwiderte Johanna ebenso knapp.

„Schon? Was schon? Geht schon? Geht schon so'n bisschen? Mädel, du hast einen spitzenmäßigen Pass vergeigt! Wenn du weiterspielen willst, muss ich wissen, ob du voll da bist, klar?" Thorsten war in Hochform, angespannt bis

zum Platzen. Höflichkeiten? Fehlanzeige! „Verdammt, nein, bin ich nicht, wenn du es genau wissen willst. Mein Knie tut höllisch weh, und die Drehung war auch nicht gerade 'ne Ballettnummer“, wehrte Johanna sich.
„Okay, du bist raus. Janine, rein mit dir.“
Johanna schaffte noch einen müden Abklatscher und schleppte sich auf die Bank. Sie war sauer, wütend, enttäuscht. Natürlich hatte Thorsten Recht. Mit den Schmerzen im Knie konnte sie unmöglich weiterspielen. Andererseits wurde sie fast nie aus dem Spiel genommen. Was für andere Spielerinnen völlig normal war, empfand Johanna als Schmach. Im Moment wusste sie nicht, was sie mehr schmerzte: ihr Knie oder ihre verletzte Eitelkeit. Sie war so verdammt ehrgeizig. Sie war eine Kämpfernatur – aber heute ging gar nichts mehr.
Trübe Gedanken lasteten auf Johanna wie schwarze Gewitterwolken. Sie hatte sich in ihr Schneckenhaus zurückgezogen und bekam von dem Spiel kaum noch etwas mit. Als ihre Mitspielerinnen mit betretenen Gesichtern vom Feld kamen, dauerte es einen Moment, bis sie kapiert hatte, dass das Spiel verloren war. Keine sagte etwas, aber Johanna spürte, dass sie ihr eine Mitschuld an der Niederlage gaben. Bedrückt ging sie mit den anderen Mädels zur Umkleidekabine. Sie musste sich zusammenreißen, um nicht zu humpeln. Jetzt bloß keine Schwäche zeigen. Die anderen warteten doch nur darauf, dass Johanna die Nummer Eins loswurde. Sie war Thorstens Star. Daraus hatte er nie einen Hehl gemacht. Vielleicht glaubte er, dass es die anderen Mädels ansporn-

te, wenn es ein bisschen Konkurrenzkampf unter den Spielerinnen gab. Was wusste er schon. Zickenterror war das. Nur, dass die Mädels sich nicht trauten, es offen zu zeigen. Früher war das alles einmal anders gewesen – als sie noch bei ihrem alten Verein war. Sie hatten viel Spaß zusammen und sie waren ein Team. Die Mannschaft war ihr immer wichtig – Handball ist schließlich ein Mannschaftssport. Als es dann aber hieß, dass sie für die Landesauswahl in Frage kam, musste sie sich entscheiden: Wollte sie weiterkommen oder den Sport nur als Hobby betreiben? Also verließ sie ihre alte Mannschaft und wechselte zu einem anderen Verein.
Als Johanna aus der Kabine kam, war Thorsten wortkarg. „Montag Training?“ Zwei Worte – eine Frage. Nur keine Energie verschwenden. Erneut kämpfte Johanna mit den Tränen. Kein: ‚Wie geht es dir?‘ oder ‚Hast du Schmerzen?‘, nein: ‚Montag Training?‘. Was sollte sie sagen? Wenn sie jetzt irgendeine Schwäche zeigte, war sie raus. „Klar!“, war die knappe Antwort und Johanna bemühte sich, so viel Zuversicht wie eben möglich in ihre Stimme zu legen, gerade so, als wäre nie etwas gewesen, als hätte es keine Verletzung gegeben. Thorsten nickte nur. Johanna schulterte ihre Sporttasche und verließ wortlos die Halle.

2. Kapitel

Die meisten der Zuschauer waren schon gegangen, ein paar Jungs lungerten vor der Halle herum. Johanna hatte mit ihnen nichts zu tun, obwohl sie die meisten vom Sehen her kannte.
„Hi, blöder Sturz … Hat es sehr wehgetan?"
„Fabian? Was machst du denn hier?" Johanna war völlig erstaunt. Fabian ging in ihre Klasse, war vor einem Jahr neu hinzugekommen. Johanna hatte ihm nie wirklich Beachtung geschenkt. Umso mehr wunderte es sie, dass er vor der Halle stand.
„Hab mir das Spiel angeschaut", kam zur Antwort.
„Interessierst du dich für Handball?", fragte Johanna.
„Klar! Ich mein … ja …"
Jetzt war Johanna das erste Mal an diesem Tag fast zum Lachen zumute. War Fabian etwa verlegen? War er am Ende ihretwegen zum Spiel gekommen? Sie schaute sich diesen Fabian, der ihr bisher noch nie wirklich aufgefallen war, genauer an. Inzwischen kamen auch ihre Mannschaftskameradinnen aus der Halle. Lachend. Schwatzend. Johanna würdigten sie keines Blickes. Katharina, die bei Janine untergehakt war, drehte sich dann doch neugierig um, sagte aber nichts.
Sollen die doch denken, was sie wollen, dachte Johanna; und wenn sie ihr die Schuld an dem verpatzten Spiel gaben, dann war das nicht ihr Problem! Die Mädels aus

der Mannschaft waren ihr fürs Erste egal. Sie gaben ihr die Schuld an der Niederlage. Keine hatte das so formuliert, doch die Stimmung in der Umkleide war eindeutig. Johanna wurde einfach ignoriert. Stattdessen wurde diskutiert, was die Niederlage wohl bedeute und was Thorsten dazu sagen würde und so weiter. Johanna war das egal. Ihr Knie schmerzte.

„Soll ich deine Tasche nehmen? Ich kann sie auf den Gepäckträger tun“, sagte Fabian.

Aber Johanna hörte Fabian gar nicht; sie hörte Katharinas Gelächter und Janine prustete auch heraus. Sollten sie doch, die blöden Hühner.

„Kannst sie mir ruhig geben“, wiederholte Fabian und deutete auf die Tasche.

„Lass mal, geht schon“, antwortete Johanna und ärgerte sich im gleichen Moment über sich selbst. Mit ihrer Knieverletzung sollte sie über jede Hilfe dankbar sein. Sollten die Mädels doch denken, was sie wollten. „Blöd gelaufen“, kam Johanna auf das Spiel zu sprechen. „Wir hätten den Sieg wirklich gebrauchen können … und alles wegen meines Patzers.“

„So’n Quatsch. Der Gegner war echt stark und die anderen haben auch nicht immer Bestleistung gezeigt. Ich versteh zwar nicht so viel vom Handball, aber es ist Unsinn, wenn du dir die Schuld an der Niederlage gibst.“

„Wenn die anderen das mal auch so sehen würden“, seufzte Johanna. Inzwischen waren sie schon ein Stück weit gegangen und Johanna fragte sich, ob sie nur zufällig den gleichen Weg hatten.

„Wo bist du denn hin unterwegs?“, wollte sie wissen.
„Ach, nirgendwo Bestimmtes. Ich hatte den Aushang von eurem Spiel gelesen und da es immer heißt, dass ihr eine echte Topmannschaft seid, wollte ich mir das einfach mal anschauen. Außerdem springt vielleicht ein Artikel für unsere neue Schülerzeitung dabei raus.“
„Schülerzeitung?“, wunderte sich Johanna. Davon hatte sie bisher noch nichts gehört.
„Ja, **Droste-News** – wobei der Name der Zeitung noch nicht ganz steht“, erklärte Fabian. „Die Zeitung nach der Namenspatronin der Schule zu nennen, ist nicht besonders originell – wenn dir also etwas Besseres einfällt … Wir werden wahrscheinlich noch einen Wettbewerb ausschreiben“, erklärte Fabian.
„Trotzdem – eine Schülerzeitung! Das hat an unserer Schule noch gefehlt. Super Idee!“, lobte Johanna.
„Findest du?“, fragte Fabian verlegen nach.
„Klar“, bekräftigte Johanna. „Und jetzt willst du über das Spiel berichten – ausgerechnet über meine große Schlappe? War das nicht eine Riesenenttäuschung?“, bohrte Johanna nach.
„Nee, ganz und gar nicht. War ein spannendes Spiel und ihr hättet echt gewinnen können …“
„… wenn ich nicht auf dem Hallenboden gelandet wäre“, beendete Johanna den Satz.
„So war das aber nicht gemeint“, grinste Fabian. „Hast du Lust, ein Eis zu essen?“ Fabian wollte irgendwie das Thema wechseln, denn er merkte, dass der Sturz Johanna noch belastete. Johanna überlegte. Sie wollte nicht

vorschnell ablehnen. Einerseits hatte sie wirklich Lust. So würde sie vielleicht auf andere Gedanken kommen. Andererseits schmerzte ihr Knie immer noch ziemlich, vielleicht war es sogar geschwollen und es wäre besser, wenn sie es kühlen würde. Auf jeden Fall sollte sie das Bein hochlegen. „Eigentlich gern und außerdem muss man sich doch mit dem zuständigen Sportredakteur gut stellen“, scherzte sie, „aber mein Knie schmerzt schon ziemlich doll. Lass uns vielleicht ein andermal etwas ausmachen, ja?“

„Klar, kein Problem!“, war Fabians Antwort, aber Johanna glaubte, ein wenig Enttäuschung herauszuhören. Sie wollte ihm noch irgendetwas Nettes sagen, denn das Gespräch hatte ihr wirklich gutgetan. „Nett, dass du vorbeigekommen bist!“ Blöder Spruch! Sie biss sich auf die Unterlippe. Aber was hätte sie sonst sagen können?

„Hat Spaß gemacht ... Ich mein, tut mir leid für dich ... das mit dem Knie und so.“ Fabian war wirklich verlegen.

„Wird schon wieder“, erwiderte Johanna.

„Okay, wir sehen uns dann in der Schule, ja?“

„Klar“, antwortete Johanna.

Fabian stieg auf sein Fahrrad, winkte noch einmal und fuhr davon. Jetzt war Johanna mit ihren trüben Gedanken und ihren Schmerzen wieder allein. Sie fragte sich, warum ihr Fabian noch nie so recht aufgefallen war. Doch die Antwort war naheliegend: Neben dem Handball war alles andere in den Hintergrund getreten. Vorturniere, Sichtungen, Vorbereitungslehrgänge, Trainingseinheiten wie am Fließband – da blieb nicht mehr viel Zeit übrig!

3. Kapitel

Es war ein lauer Sommerabend und Fabian überlegte, was er mit dem Rest des Tages noch anfangen konnte. Bei Oliver war noch so etwas wie eine Redaktionskonferenz geplant. Jeder, der einen brauchbaren Artikel beisteuern konnte, sollte noch einmal vorbeischauen. Oliver nahm sich ungeheuer wichtig. Er war der Boss der **Droste-News.** Gut, schließlich war das mit der Schülerzeitung auch seine Idee gewesen und Fabian hatte sich gefreut, als Oliver ihn gefragt hatte, ob er mitmachen wollte. Er durfte also nicht ungerecht werden. Trotzdem ging Oliver ihm nach zwei Wochen gemeinsamer Arbeit mit seiner Wichtigtuerei fürchterlich auf den Nerv. Er drehte sich noch einmal um – von Johanna war aber nichts mehr zu sehen. *Was soll's,* dachte er und machte sich auf den Weg zu Oliver.

Zum Glück standen vor dem Haus schon zwei weitere Räder: Martin und Jan waren da. Dann konnte es ja doch noch ganz lustig werden.

Kaum hatte Fabian sein Fahrrad abgeschlossen, ging auch schon die Tür auf. „Prima, dass du noch kommst. Dann sind wir komplett – aber komm erst mal rein." Oliver führte sich gerade so auf, als wäre er der Hausherr.

In Olivers Zimmer sah es wüst aus: Über den ganzen Boden verteilt lagen Blätter, Computerausdrucke, Scheren, Kleber, Papierschnipsel. Die drei hatten schon

ganze Arbeit geleistet. Auf einem Doppelbogen hatten sie bereits das Layout der Titelseite zusammengeklebt. Sah alles nach ziemlich viel Handarbeit aus.
Martin schien Fabians Gedanken zu erraten. „Könnte man wahrscheinlich auch alles am Computer gestalten – so macht es aber noch mehr Spaß“, erklärte er. „Du siehst, da klafft noch eine große weiße Lücke. Platz für einen weiteren Artikel!“
Dies galt als Aufforderung an ihn. „Ich war gerade beim Handballspiel der Mädchen-B-Jugend …“
„Spielt da nicht Johanna aus unserer Klasse mit?“, fiel Jan Fabian ins Wort.
„Sag mal, Jan, bist du eigentlich nur von gestern?“, fuhr Martin ein wenig belustigt dazwischen. „Klar spielt die da mit. Die ist mit einem Handball geboren worden. Das dürfte selbst dir nicht entgangen sein!“
Jan war eine Seele von Mensch – manchmal hatte man den Eindruck, als würde er auf einem anderen Stern leben. Er war halt Computer-Freak. Da kannte er sich aus. Das Leben um ihn herum schien ihn dafür weniger zu interessieren. „Doch, jetzt wo du es sagst … und?“
Fabian fuhr fort. „Johannas Mannschaft war unheimlich stark, doch dann hat Johanna sich verletzt und musste schließlich aus dem Spiel genommen werden.“
„Und wie ist das Ganze dann ausgegangen?“, wollte Jan wissen.
„Unsere Mannschaft hat verloren.“
„Hast du genug Material für einen Artikel zusammen?“, fragte Oliver nach.

‚Material'! Wie der schon redet!, dachte Fabian. Herr Chefredakteur persönlich! „Weiß nicht, denke schon", gab Fabian zur Antwort.

„Was meint ihr?", fragte Oliver in die Runde. „Eignet sich das für die Lücke?"

„Sport haben wir noch gar nicht drin", meinte Martin, „und zu jeder guten Zeitung gehört auch ein bisschen Sport. Mein Vater liest nichts anderes."

„Also gut", beschloss Oliver. „Schaffst du es, einen kurzen Artikel über das Spiel zu schreiben? So ungefähr 650 Zeichen. Bis morgen?"

„Sollte klappen", erwiderte Fabian. „Wann soll die Zeitung denn in Druck gehen?"

„Kopie", korrigierte Oliver ihn. „Unsere Erstauflage vervielfältigt mein Vater Montagnachmittag in seiner Firma. Deswegen brauche ich deinen Artikel bis morgen, dann kann ich ihn noch gut einarbeiten. Am besten per Mail, ich druck ihn dann gleich aus. Gerade bei so einem Bericht wie über das Handballspiel müssen wir aktuell sein, sonst interessiert es doch keinen mehr."

„Dann sollte ich mich besser gleich an die Arbeit machen. Wann treffen wir uns das nächste Mal?"

„Am Dienstagmorgen bringt mein Vater die Zeitungen in die Schule und in der Pause können wir mit dem Verkauf starten. Ich denke, wir müssen abwarten, wie sich die Zeitung verkauft und dann entscheiden wir, wie es weiter geht."

Das hörte sich zwar alles sehr logisch und vernünftig an, aber wenn Oliver von WIR sprach, dann meinte er in erster Linie sich allein. Er hatte wohl noch nicht verstanden, dass ein solches Zeitungsprojekt Teamarbeit bedeutete. Trotzdem freute Fabian sich, dass er dabei sein konnte – und außerdem war es eine ganz gute Gelegenheit, um in Johannas Nähe zu sein. Als Reporter war es doch selbstverständlich, dass er bei den Spielen auftauchte.

Aufgekratzt machte er sich auf den Heimweg. Hier gab es für ihn nichts mehr zu tun und er wollte sich viel Mühe mit dem Artikel geben. Schließlich hoffte er, Johanna auf diese Art und Weise zu beeindrucken.

4. Kapitel

Johanna liebte ihren Sport, aber war sie bereit, einen derart hohen Preis für ihren Erfolg zu zahlen? Ihre Eltern unterstützten sie – ihr Vater, selbst einmal ein begeisterter Handballer, war mächtig stolz auf sie und die großen Chancen, die sich ihr eröffneten. Sie selbst wollte auch in den Profibereich – dachte sie zumindest immer. Heute humpelte sie nur müde zur Bushaltestelle, setzte sich kraftlos hin und wartete auf den Bus. Wie sehr hätte sie es sich gewünscht, wenn an einem Tag wie diesem ihr Vater bei dem Spiel gewesen wäre. Dann hätte sie wenigstens nicht mit dem Bus nach Hause fahren müssen. Außerdem hätte ihr Vater sie bestimmt wieder aufgebaut. Aber ausgerechnet an diesem Samstag hatte er arbeiten müssen und es deswegen nicht zum Spiel geschafft.

„Was ist denn mit dir los?“, fragte ihre Mutter besorgt, als sie zur Haustür hereinkam.
„Bin gestürzt, dabei habe ich mir das Bein verdreht“, gab Johanna zur Antwort.
„Tut es sehr weh?“, war die prompte Frage der Mutter.
„Was ist los?“ Ihr Vater kam herbeigeeilt.
„Johanna hat sich das Bein verletzt – hoffentlich sind es nicht schon wieder die Bänder. Mein Gott, Johanna, wenn du jetzt schon wieder in der Schule ausfällst? Herr Gerber hat mir auf dem letzten Elternsprechtag extra

gesagt, dass du dir keine längeren Ausfallzeiten mehr leisten kannst ..." Wie ein aufgescheuchtes Huhn lief ihre Mutter um sie herum.

„Ist schon gut, Mutter. So schlimm ist es nicht", beruhigte Johanna ihre Mutter nüchtern.

„Ein Indianer kennt keinen Schmerz – stimmt doch, oder, Johanna? Das wird schon gehen." So war ihr Vater. An ernste Verletzungen mochte er erst gar nicht glauben, dann würde schon nichts passieren. Manchmal fragte sich Johanna, was ihm wichtiger war: sie oder die Landesauswahl? Und außerdem war sie kein Indianer, sondern eine fünfzehnjährige Schülerin mit durchschnittlichen Schulnoten und einer gewissen Begabung für Handball, oder – wie ihr Vater immer sagte – ‚Talent', das sie natürlich von ihm geerbt hatte. Na ja, und ihre Mutter sorgte sich mehr um die Schule. Wie sie es auch anstellte, sie konnte unmöglich beiden gerecht werden.

War das ein Tag! Sie hatte die Nase tüchtig voll. „Ich leg mich aufs Bett. Hast du mal einen Kühlakku?" Sie wollte nur noch ihre Ruhe haben!

„Sollten wir nicht doch einen Arzt auf das Knie schauen lassen? Du weißt, was Dr. Laumann beim letzten Mal gesagt hat. Du warst nicht weit von einem Bänderriss entfernt und wenn das passiert, ist Schluss mit dem Sport!"

„Sachte, sachte! Wenn Johanna sagt, dass es geht, dann wird es schon gut sein. Sie kennt ihren Körper am besten", wiegelte ihr Vater ab.

Johanna stellte ihre Tasche einfach im Hausflur ab und ging an ihren Eltern vorüber. Sie hatte keine Lust auf weitere Gespräche. ‚Sie kennt ihren Körper am besten.‘ Sie war sich nicht mal sicher, ob sie sich selbst noch kannte. So hatte sie sich das alles auf jeden Fall nicht vorgestellt. Jetzt wollte sie nur noch Ruhe haben – auch vor ihren Eltern. Beim Treppensteigen merkte sie allerdings schon, dass die Verletzung sie ziemlich behinderte. Wenn sie jetzt zum Arzt ginge, würde der ihr bestimmt erst einmal ein Sportverbot erteilen, und das wollte sie auf keinen Fall – dafür war Handball ihr zu wichtig. Bis Montag waren es noch fast zwei Tage. Das würde reichen. Sie hatte sich gerade hingelegt, da kam ihre Mutter noch mit dem Kühlakku.

„Hier, Kind, mach das wenigstens auf dein Knie!“ Mit sorgenvoller Miene betrachtete die Mutter ihre Tochter. Jetzt tat sie Johanna fast leid. „Ist schon okay!“ antwortete Johanna, legte den Akku auf ihr Knie und schloss die Augen – ein unmissverständliches Zeichen, dass sie jetzt wirklich ihre Ruhe haben wollte.

5. Kapitel

Johanna musste eingeschlafen sein, denn als ihre Mutter an die Tür klopfte, war es draußen schon dunkel geworden. „Johanna? Du hast dein Handy in der Küche liegen lassen."

Es dauerte einen Moment, bis Johanna ihre Benommenheit abgeschüttelt hatte. Ihre Mutter hate ihr das Handy übergeben und sie blickte aufs Display: ein verpasster Anruf von Fabian. *Welcher Fabian?* Dann kam die Erinnerung. Sie hatte die Nummer abgespeichert. Was er wohl wollte? Dezent zog sich die Mutter zurück. Johanna wartete dennoch bis die Tür geschlossen war, bevor sie zurückrief. Auch wenn ihre Mutter ihr eigentlich nie irgendwelche Fragen stellte, so war sie doch interessiert an allem, was Johannas Privatleben betraf. Sie wollte jedoch ungestört sein.

„Hallo, Fabian", sagte sie, als Fabian den Anruf entgegennahm.

„Hi, ich wollte nur mal hören, ob es dir besser geht."

„Ja, ist schon wieder okay", gab Johanna zur Antwort. Der Kühlakku, der mal auf ihrem Knie gelegen hatte, war inzwischen vom Bett gefallen und lauwarm.

„Schön", antwortete Fabian. Dann gab es eine längere Pause, auch Johanna wusste nicht, was sie sagen konnte.

„Sehen wir uns dann Montag in der Schule?", nahm Fabian das Gespräch wieder auf.

„Ja, Montag bin ich wieder fit", war Johannas Antwort. „Prima! Und schön, dass es dir wieder besser geht … Tschüss dann."

„Ja, tschüss, bis Montag." Damit war das Gespräch beendet. Johanna hätte noch gern irgendetwas Nettes gesagt, aber ihr fiel beim besten Willen nicht ein, was.

Sie legte das Handy beiseite und setzte sich an ihren Schreibtisch. Ihr Knie tat ihr zum Glück nicht mehr weh. Dafür schoben sich die anderen kleinen Verletzungen, die sie sich an diesem Tag zugezogen hatte, wieder in ihr Bewusstsein. Da war Thorsten, ihr Trainer, für den ganz offensichtlich nur der Erfolg zählte. Aber hatte er das nicht selbst auch oft genug so gesagt? ‚Nur der Erfolg zählt!' ‚Nur ein gewonnenes Spiel ist ein gutes Spiel!' Das waren so seine Sprüche. Und er glaubte daran. Sie wollte erfolgreich sein – warum also beklagte sie sich jetzt? Weil sie vielleicht gemerkt hatte, dass sie als Mensch keinen Wert hat? Vielleicht.

Dann waren da noch Katharina und Janine. Die Zicken waren immer eifersüchtig auf sie gewesen. Ätzend, wie sie um Thorstens Anerkennung buhlten. Sie waren es stets, die in der Umkleidekabine spitze Bemerkungen vom Stapel ließen. Und schließlich ihr dämliches Gegacker, als sie Fabian mit ihr gesehen hatten. Was für ein Tag! Dabei hatte sie sich so auf das Spiel gefreut.

Johanna kramte aus ihrer Schreibtischschublade ihr altes Tagebuch hervor. Das Pferdemotiv auf dem Umschlag brachte ganz deutlich zum Ausdruck, wie alt dieses Büchlein schon war. Alt und abgegriffen. Sie war nie eine große Tagebuchschreiberin gewesen. Doch hin und wieder war ihr einfach danach, ein paar Gedanken zu Papier zu bringen. Sie blätterte, bis sie eine freie Seite fand. Dann kaute sie auf ihrem Bleistift. Was sollte sie schreiben? Viele Gedanken gingen ihr durch den Kopf. Am Ende hatte sie ein kleines Gedicht vor sich. Es reimte sich zwar nicht, gab aber ihre Gedanken am besten wieder:

Ich suche meinen Weg,
einen Weg, der nur mir gehört.
Ich kenne mein Ziel,
mein Ziel am Ende des Weges.

Doch wie komme ich dort hin?
Wie viele Tränen kostet es mich?
Welche Ängste muss ich überwinden?
Wie viele Zweifel besiegen?

Ich suche einen Begleiter,
einen Begleiter auf meinem Weg.
Der mich trägt, wenn ich zu schwach bin,
der mich führt, wenn ich nichts sehe,
der mich umkehren lässt,
wenn ich mich verlaufen habe.

Wo bist du? Weg? Begleiter? Freund?

6. Kapitel

Am meisten störte es sie an diesem Montagmorgen, Katharina und Janine zu begegnen. Die beiden Zicken gingen in die Parallelklasse und Johanna wusste genau, dass sie, wahrscheinlich zuckersüß, über den Samstag sprechen würden. Bissige Seitenbemerkungen über das Spiel inklusive. Sie freute sich auf Fabian, obwohl sie gar nicht mal genau hätte sagen können, warum. Es tat ihr einfach gut, dass er so nett war. Außerdem hatte er mit Leistungssport – soweit sie wusste – nichts zu tun. Auch das war wohltuend, denn durch das viele Training und die Spiele an den Wochenenden war sie fast ausschließlich nur noch mit Handballerinnen zusammen. Eine Zeit lang hatte ihr das überhaupt nichts ausgemacht – im Gegenteil. Sie hatte das Gefühl, von allen gleich ohne Worte verstanden zu werden. Seit sie allerdings professioneller an den Sport heranging, fehlte ihr das Gefühl von Geborgenheit und Vertrauen. Auf ihre alten Mannschaftskameradinnen konnte sie sich blind verlassen. Jetzt war sie sich nicht mehr so sicher.

Während sie ihren Gedanken nachhing, hatte der Schulbus sein Ziel erreicht. Unter lautem Gezisch öffneten sich die Türen und die Schülermasse polterte lautstark aus dem Bus. Johanna blieb bis fast zum Schluss sitzen. Sie mochte sich nicht in das Gedränge stürzen und hatte

auch noch ein wenig Angst wegen ihres Knies. Wenn sie falsch auftreten oder im Gedränge den Halt verlieren würde, könnte sie sich immer noch eine ernsthaftere Verletzung zuziehen. Sie musste später unbedingt an eine besonders stramme Bandage denken, denn zum Training wollte sie auf jeden Fall. Allein schon, um es den anderen zu zeigen. Ihre Mutter hätte es zwar gern gesehen, wenn sie heute einmal pausieren würde, aber Stress mit Mutter war sie wegen der vielen Verletzungen längst gewohnt.
Als hätten Katharina und Janine auf sie gewartet, standen die beiden Mädels am Schultor.
„Hallo, Johanna!“, flötete Katharina ihr entgegen. „Was macht denn deine Verletzung?“ Dabei legte sie eine solche Unschuldsmiene an den Tag, als würde sie für ein Werbeplakat des Weltjugendtages abgelichtet.
„Tut es noch sehr weh?“, stimmte Janine in das verlogene Geschleime mit ein. „Aber dein Tröster war ja gleich zur Stelle“, setzte sie noch eins obendrauf.
„Mein Gott, müsst ihr es nötig haben!“, entgegnete Johanna und versuchte, so viel Gift in ihre Stimme zu legen, wie eben möglich. „Kümmert euch doch um euren eigenen Kram und lasst andere Leute einfach in Frieden.“ Mehr Kraft für eine Auseinandersetzung hatte sie am frühen Morgen beim besten Willen nicht. Wenn sie gleich an die erste Stunde Geschichte mit der Lohmeier dachte, verging ihr sowieso das letzte bisschen Laune, da brauchte sie die beiden Zicken schon gar nicht.
„Oh, unser Star ist heute aber wirklich nicht gut drauf“, giftete Katharina, hakte Janine unter und die beiden

zogen davon. *Gott sei Dank!*, dachte Johanna. Sie überlegte noch einen Moment, ob sie ihnen eine fiese, kleine Gemeinheit mit auf den Weg geben sollte, entschied sich dann aber dagegen. So etwas war eigentlich nicht ihre Art und sie wollte sich auch nicht provozieren lassen. Andererseits hatten die beiden ihr schon den Tag vermiest, das konnte die Lohmeier kaum noch toppen. Doch dann arbeitete sich Fabian durch das Gewühl der Zwerge hindurch und kam auf Johanna zu.

„Hi, Johanna! Wie geht's? Alles wieder okay?"

Bei ihm klang das doch gleich ganz anders. Es war ehrlich gemeint – und das freute Johanna.

„Geht schon wieder. Ich bin so etwas ja gewohnt." Sie versuchte ein Lächeln, was aber nach der morgendlichen Begegnung mit den Zicken nicht so ganz einfach war.

„Gibt wohl viele Verletzungen beim Handball?", fragte Fabian nach.

„Allerdings. Irgendwas ist immer. Einmal hatte ich sogar das Nasenbein gebrochen, weil ich den Ball nicht habe kommen sehen. So ist das nun mal."

„Sieht man aber nichts mehr von!"

„Danke! So etwas muss man eben in Kauf nehmen oder man hängt den Sport besser gleich an den Nagel."

„Ist es das denn wirklich wert?", fragte Fabian.

„Was meinst du?"

„Na ja, ich meine die ganzen Verletzungen und die viele Zeit und so."

„Absolut!", erwiderte Johanna energisch. „Handball ist mein Leben!"

Jetzt musste Fabian lachen. Johanna verteidigte ihren Sport so sehr … Johanna boxte ihm leicht auf den Oberarm. „Lach nicht! Ich mein es ernst!“, sagte sie inzwischen wieder gut gelaunt. Der Ärger von eben war gänzlich verschwunden. Sie war Fabian dankbar, dass er sie zum Lachen brachte. Fabian seinerseits freute sich über die Nähe, die sich so ganz langsam zwischen ihnen zu entwickeln schien. Johanna hatte ihm vom ersten Tag an gefallen; er war nur viel zu schüchtern, sie direkt anzusprechen. Das Spiel vom letzten Samstag hatte ihm da eine gute Gelegenheit geboten. Jetzt verstand er auch, warum so niemand aus der Klasse wirklich Kontakt mit Johanna hatte. Die meiste Zeit ging für ihren Sport drauf. Dann war da noch die Schule, die sich auch nicht von selbst erledigte. Kein Wunder, dass keine Zeit mehr für irgendetwas anderes übrig blieb. Freundschaften konnte man da wohl komplett vergessen! Schade eigentlich, denn jetzt wo er sie ein bisschen näher kennengelernt hatte, fand er sie richtig nett. Wenn sie sich sahen, hatten sie Spaß zusammen – das war ja schon mal etwas.
„Machst du denn jetzt mal eine Pause, um dein Knie zu schonen?“, nahm er das Gespräch wieder auf.
„Auf keinen Fall!“, kam die entsetzte Antwort. „Da bin ich Schlimmeres gewohnt.“
„Muss es wirklich erst schlimmer kommen?“
„Ach, das verstehst du nicht!“
Das traf Fabian. Er wollte ihr nicht das Gefühl geben, dass er sie nicht verstehen könnte – und außerdem wusste er nur zu gut, wovon sie sprach.

„Doch!“, sagte er kaum hörbar. „Ich weiß genau, wovon du redest.“
Johanna hatte die Veränderung in seiner Stimme wahrgenommen. Sie blieb stehen und schaute Fabian fragend an. Inzwischen hatte es zum ersten Mal geklingelt und die Schüler strömten ins Gebäude.
„Bevor ich in eure Klasse kam, war ich lange im Krankenhaus. Deswegen musste ich auch die Klasse wiederholen.“
„Was war denn passiert?“, unterbrach Johanna ihn.
„Ich bin mit meinem Mountainbike gestürzt. Früher konnte ich gar nicht genug davon bekommen. Keine Strecke war zu gefährlich, keine Abfahrt zu steil. Es war wie ein Rausch, wenn es mit Volldampf bergab ging. Dann kam es, wie es kommen musste. Eine Wurzel oder ein Stein – ich weiß nicht – und ab ging es über den Lenker. Im Krankenhaus bin ich erst wieder zu mir gekommen. Ich kann von Glück reden, dass es keine bleibenden Schäden gegeben hat … abgesehen davon …“
Fabian hatte den Ärmel hochgezogen und zeigte Johanna eine lange Narbe an seinem linken Handgelenk. „Der Trümmerbruch wurde mit einer Stahlplatte repariert, die irgendwann wieder raus muss … Du siehst: Ich weiß ziemlich genau, wovon du redest!“
Mittlerweile hatte es zum zweiten Mal geklingelt und Johanna zog Fabian sanft am Ärmel. Sie mussten sich beeilen. Zwar kam die Lohmeier meistens zu spät, aber schließlich wollte sie es nicht darauf ankommen lassen. Was für ein Auftritt, wenn sie gemeinsam mit Fabian zu

spät käme. Und die Lohmeier würde ihnen auch einen Spruch reindrücken, darauf konnte man wetten. Nein, das brauchte sie wirklich nicht.

Fabians Erzählung hatte sie nachdenklich gestimmt. Da war offensichtlich so viel, was sie von diesem Jungen nicht wusste. Als die ganze Klasse still über einem Text im Geschichtsbuch hockte, schaute sie sich Fabian noch einmal genauer an. Er gefiel ihr. Nie hätte sie gedacht, dass er einmal ein draufgängerischer Mountainbiker war. Stille Seen sind doch manchmal tief – würde ihre Mutter dazu wohl sagen …

Der Rest des Schultages verflog wie im Eiltempo. Katharina und Janine ließen sie in Ruhe und ihre Mathelehrerin Frau Siebert hatte sich ausnahmsweise mal mit Hausaufgaben zurückgehalten. Das war gut, denn der Nachmittag war sowieso zu kurz und ihre Hausaufgaben musste sie fertig haben, bevor sie zum Training gehen konnte – darauf bestand ihre Mutter.

Drei Mal in der Woche Training – manchmal kam sogar noch eine vierte Trainingseinheit hinzu. Besonders vor wichtigen Spielen legte Thorsten Wert darauf. Und an den Wochenenden hatte sie fast immer Spiele. Wenn es keine Meisterschaftsspiele waren, dann eben Freundschaftsspiele. Thorsten meinte, dass das wichtig sei. Nur durch Spielpraxis könnte man bis an die Spitze kommen. Für Johanna war das nie ein Problem. Ihr Leben bestand aus Training, Training und noch einmal Training. Darüber waren sogar alte Freundschaften zerbrochen und statt einem festen Freund kannte Johanna nur ihren Sport. Das war okay. Sie war bewusst aus ihrem Dorfverein ins Team der Kreisstadt gewechselt. Alle hatten dafür Verständnis, ja ermutigten sie sogar anfangs. Wenn man so viel Talent hatte wie Johanna, dann musste man einfach etwas aus sich machen. Johanna konnte nicht in einer Hobbymannschaft versauern. So ungefähr hatte es von allen Seiten geheißen und sie fühlte sich bestärkt darin, das Richtige zu tun.

7. Kapitel

Als Fabian die erste Ausgabe der **Droste-News** in die Hände bekam, fiel ihm buchstäblich der Unterkiefer herunter. Das war nicht sein Artikel. Die Zeitung war nicht mehr als eine Handvoll Artikel auf einer Doppelseite und „sein" Artikel über das Handballspiel prangte auf der Titelseite: **Schlappe für unsere Mädchen!** Schon der Titel hatte nichts mehr mit dem zu tun, was er Oliver gemailt hatte. Eigentlich sollte Fabian während der Pause auf dem Schulhof die **Droste-News** verkaufen. Jetzt musste er sich erst einmal setzen und selbst lesen, was dort stand.

Der Artikel, den er zu lesen bekam, machte allerdings alles noch schlimmer. Es war ein Gefühl, als hätte ihn ein Fausthieb mitten ins Gesicht getroffen. Er musste ihn zweimal lesen, um vollends zu begreifen, was dort stand. Schwarz auf weiß:

Am Samstag erlebten die Zuschauer des Handballspiels unserer Mädchen-B-Jugend eine Achterbahn der Gefühle. Unsere Mannschaft hatte sich ein hohes Ziel gesetzt. Im Freundschaftsspiel gegen TUS Quasburg wollten sie einen Heimsieg verbuchen. Doch bedingt durch einen unglücklichen Sturz hatte Johanna Krämer – der heimliche Star der Mannschaft – eine Torchance verpasst und musste anschließend sogar ausgewechselt werden.

Davon hat die Mannschaft sich wohl nicht mehr erholt und die Mädchen aus Quasburg konnten bei einem Endstand von 17 : 21 den Sieg für sich verbuchen. Ein trauriges Ergebnis für die ansonsten erfolgsverwöhnten Spielerinnen.

Was hatte Oliver (wenn er es denn war, der seinen Artikel so dreist verändert hatte) sich nur dabei gedacht? Er musste ihn sofort zur Rede stellen. Fabian machte sich auf den Weg zum SV-Raum, denn dort fand der Verkauf der Zeitung statt. Oliver und Jan waren gerade damit beschäftigt, Geld zu zählen. Sie hatten alle Ausgaben verkauft! Martin war noch auf dem Schulhof unterwegs, wo auch er die **Droste-News** anbot. Wenn er ebenso erfolgreich war, dann waren fast hundert Exemplare verkauft worden. Hundertmal konnte man jetzt also lesen, was er angeblich über das Spiel gedacht hatte. Wutentbrannt knallte er seine Exemplare auf den Tisch und stellte Oliver zur Rede. „Sag mal, bist du total übergeschnappt, oder was?! Was soll das denn mit dem Artikel? ‚Schlappe für unsere Mädchen'? Du bist doch nicht ganz dicht!" Fabian hatte große Mühe, seine Wut zu zügeln. Er zitterte am ganzen Körper und ballte die Faust. Zweifel hatte er keine mehr daran, dass es Oliver war, der den Artikel verändert hatte. Er war der Einzige, der die Gelegenheit dazu hatte, denn nachdem er ihm den Artikel gemailt hatte, war es Oliver gewesen, der alles zusammengestellt und durch seinen Vater hatte kopieren lassen.
„Nun beruhig dich mal!", versuchte Oliver einzulenken.

„Wir haben alle Ausgaben verkauft!", mit Blick auf Fabians Stapel schob er dann ergänzend nach: „Na ja, fast alle. Mal sehen, wie die Ausbeute bei Martin war."
Wenn Fabian eben wütend war, so hätte er jetzt am liebsten platzen mögen. „Dir haben sie wohl völlig jeden Verstand geraubt, oder was? Hast du meinen Artikel so verändert?" Eigentlich war Fabian sicher, dass es Oliver gewesen sein musste. Weil es aber so unfassbar war, musste er einfach noch einmal nachfragen.
„Ein paar kleine Veränderungen. Wem kann das schon schaden? Als Chefredakteur muss ich mir die Freiheit doch wohl nehmen. Schließlich verkaufen sich Schlagzeilen. Wir sind ja nicht der Pfarrbrief." Oliver musste über seinen eigenen Witz grinsen. Wenn Martin nicht in diesem Moment in den SV-Raum gekommen wäre – Fabian hätte für nichts garantieren können.
„Was ist denn hier los?", fragte Martin. Er hatte eine ganz gute Antenne für Stimmungslagen und im SV-Raum knisterte es. Jan hatte fassungslos zugeschaut. Oliver und Fabian standen sich wie zwei Streithähne gegenüber. Fabian hatte noch immer seine Faust geballt und das Grinsen war inzwischen auf Olivers Gesicht eingefroren. Er hatte die Pose eines Siegers, Fabian die eines wutschnaubenden Stieres. Kein schöner Anblick für ein Zeitungsteam, das sich eigentlich hätte freuen können über den sensationellen Start der ersten Schülerzeitung der Droste-Hülshoff-Schule.
„Ich weiß zwar nicht, was hier gerade vorgeht, aber vielleicht beruhigt ihr euch erst einmal? Was ist denn los?"

Fabian deutete wortlos auf die Titelseite der Schülerzeitung. Martin verstand trotzdem noch nicht. Jetzt schaltete sich Jan ein. „Fabian ist mit seinem Artikel nicht einverstanden. Oliver hat wohl ein paar Veränderungen vorgenommen."

Ein paar Veränderungen? Tickte der Typ nicht sauber? „Das sind nicht ‚ein paar Veränderungen', das ist ein völlig neuer Artikel! An keiner Stelle habe ich über Johanna als ‚heimlicher Star der Mannschaft' geschrieben. Auch der Rest stammt ausschließlich aus der Feder von unserem Herrn Chefredakteur! Wie steh ich denn jetzt da?"

„Aha, daher weht der Wind! Es geht dir gar nicht um den Artikel, sondern um unsere Sportskanone." Oliver glaubte, wieder Oberwasser zu haben und sein Grinsen wurde nur noch breiter. Martin spürte, dass sich die Stimmung ganz bald in einem unglaublichen Donnerschlag entladen würde, wenn er jetzt nicht dazwischenging.

„Jetzt beruhigt euch mal!", versuchte er die erhitzten Gemüter herunterzukühlen. „Was ist denn so schlimm an der Überarbeitung von Oliver?", wollte er wissen.

Fabian überlegte. Was sollte er darauf antworten? Er wollte nicht, dass Johanna schlecht über ihn dachte. Aber konnte er das sagen? Was würden die anderen dann glauben? Dass er vielleicht nur bei der Zeitung mitmachen wollte, um sich an Johanna ranzumachen? Seine Gedanken drehten sich wie ein Kettenkarussell. „Er hätte mich halt vorher fragen können", kam nach einiger Zeit eine auch für seine Ohren recht dürftige Antwort auf Martins Frage.

„Okay, okay“, lenkte Oliver ein. „Beim nächsten Mal reden wir vorher über redaktionelle Veränderungen.“ Gönnerhaft klopfte er Fabian noch auf die Schulter und widmete sich dann wieder dem Zählen der Einnahmen. Die geschwollene Sprache und das Chef-Gehabe waren für Fabian immer unerträglicher. Er wollte nur noch weg. Für die kommende Stunde waren sie entschuldigt. Zum Glück unterstützte die Schule ihr Zeitungsprojekt; blieb allerdings noch die letzte Stunde. Momentan mochte er aber Johanna nicht ins Gesicht sehen. Sie hatte den Artikel mittlerweile bestimmt auch gelesen und war wahrscheinlich maßlos enttäuscht oder wütend oder beides zusammen. Verstehen könnte er das. Deswegen musste er ihr unbedingt erzählen, wie das Ganze abgelaufen war. Doch über das Wie und Wann musste er erst einmal selbst nachdenken. Er nickte Martin zu. „Ich bin dann mal weg.“

„Was ist mit Englisch?“, wollte Martin wissen. Martin war ein prima Typ. Er hatte genau gespürt, was los war und merkte wohl auch jetzt, dass Fabians Ärger noch nicht ganz verraucht war.

„Für heute habe ich genug. Ich denke, Englisch werde ich knicken – sagst du der Herten Bescheid?“

„Klar, Mann … und ärger dich nicht mehr! So schlecht ist der Artikel nicht und wir haben unsere Erstauflage am Erscheinungstag fast komplett verkauft. Das ist doch mal ’ne Spitzenleistung!“

„Spitzenleistung!“, gab Fabian ironisch zur Antwort. *Fragt sich nur, ob Johanna das auch so sieht,* dachte er bei sich. Niedergeschlagen holte er sein Fahrrad aus dem Fahrradkeller und machte sich auf den Nachhauseweg. Jetzt würde er auch noch seiner Mutter erklären müssen, warum er so früh nach Hause kam – das Leben konnte manchmal verdammt kompliziert sein.

Im SV-Raum blieben Oliver, Jan und Martin zurück. Als Fabian weg war, hörte Oliver mit dem Geldzählen auf. „Sagt mal, habt ihr verstanden, was den gebissen hat? So ein Affenaufstand wegen ein paar kleinen Änderungen."

„Waren die Änderungen wirklich so ‚klein', wie du sagst? Um ehrlich zu sein, ich kann mir kaum vorstellen, dass Fabian dieses ganze Theater nur wegen ein paar Wörtchen veranstaltet." Martin kannte Oliver gut genug. In der Klasse gehörte er nicht zu den Beliebtesten. Von diesem Zeitungsprojekt war er obendrein ziemlich besessen. Insofern traute er ihm eine Menge zu.

„Mann, Alter, ich schwöre. Das einzige, was ich wirklich hineingeschrieben habe, ist, dass Johanna ‚der heimliche Star der Mannschaft' ist … na ja, und so ein bisschen durfte es sich auch so anhören, als wäre sie für die Niederlage verantwortlich. Das wollen die Leute lesen." Jetzt hatte Oliver wieder dieses selbstzufriedene Grinsen im Gesicht. Selbst Jan spürte, dass hier etwas nicht in Ordnung war. „Das ist nicht okay. Du hättest Fabian wirklich vorher fragen müssen!", klinkte er sich in das Gespräch ein. „Jetzt fang du nicht auch noch an! Ich hab doch schon gesagt, dass ich mir beim nächsten Mal eine ‚Genehmigung' holen werde. Können wir den Kinderkram jetzt vielleicht endlich abhaken?"

Weder Jan noch Martin hatten wirklich Lust, den Streit wieder neu anzufachen. Den Artikel konnte man eh nicht ungeschehen machen. Martin wurde aber den Verdacht nicht los, dass noch etwas ganz anderes eine Rolle gespielt hatte: Oliver war vor gar nicht allzu langer Zeit bei Johanna abgeblitzt. Neben ihrem Sport hatte sie für nichts und niemanden Zeit. Alle Versuche, die Oliver unternommen hatte, liefen deswegen auch ins Leere. War das jetzt seine Rache?
Jan durchbrach endlich das Schweigen. „Wir haben sechzig Zeitungen verkauft – macht dreißig Euro. Wie ist es bei dir gelaufen?"
Die Frage war an Martin gerichtet. „Alle verkauft", sagte er und kramte zehn Euro in Münzen aus seiner Tasche hervor.
„Fabian hat wohl keine verkauft", stichelte Oliver weiter und nahm die überzähligen Zeitungen an sich. „Immerhin vierzig Euro – davon können wir einen Teil der Kopierkosten für die nächste Ausgabe zahlen. Schließlich kann mein Vater nicht jede Ausgabe kostenlos für uns kopieren."
„Wenn es denn eine nächste Ausgabe überhaupt gibt", murmelte Martin. „Wir sollten uns jetzt aber auf den Weg machen. Es schellt gleich und die Herten wird nicht so viel Verständnis für unser Zeitungsprojekt haben."
Die Jungs packten ihre Sachen zusammen und verließen den SV-Raum. Keiner sagte mehr etwas. Die Sache war dumm gelaufen und ließ einen bitteren Nachgeschmack zurück.

8. Kapitel

„Und du willst heute wirklich zum Training gehen? Ich weiß nicht …“ Kopfschüttelnd saß ihre Mutter ihr am Mittagstisch gegenüber. „Ich meine, nach deiner Verletzung vom Samstag solltest du dir das doch noch einmal überlegen, oder?“

„Mama“, erwiderte Johanna entnervt, „da gibt es nichts zu überlegen. Mir geht es gut. Ich habe keine Schmerzen und ich könnte auch die Treppe herunterfallen. Ziehen wir deswegen in einen Bungalow? Also!“ Die Redegewandtheit hatte sie von ihrem Vater. Natürlich stimmte der Vergleich nicht ganz. Sie war nur froh, dass ihre Mutter sich nicht auf eine Diskussion mit ihr einließ. Sie kannte Johanna. Stur wie ein Maulesel. Und der Sport ging ihr über alles.

Hinzu kam, dass sie heute wohl auch etwas Ablenkung vertragen könnte. Deswegen ging sie auf ihr Zimmer, um ihre Tasche zu packen.

Ihr ging dieser Artikel aus der **Droste-News** allerdings nicht aus dem Kopf! Stinkwütend hatten sie die paar Zeilen gemacht. Nur gut, dass sie Fabian in der Schule nicht mehr in die Finger bekommen hatte. Der war nach der Pause plötzlich verschwunden. Sollte sie sich so getäuscht haben? Sie mochte das kaum glauben. Und dennoch: Der Artikel prangte schwarz auf weiß auf der Titelseite dieser komischen Schülerzeitung und sein

Name stand darunter. Ein gefundenes Fressen für die Zicken. Wahrscheinlich hatte die ganze Klasse sich schon auf Facebook darüber ausgelassen. ‚Der heimliche Star der Mannschaft' – nie wollte sie ein Star sein oder fühlte sich so. Mit keiner Silbe hatte sie sich jemals gegenüber Fabian so geäußert. Woher hatte er also diesen Unsinn?
Obwohl sie sich schon denken konnte, mit wie viel Häme die Zicken auf diesen Artikel reagieren würden, konnte sie es nicht lassen und fuhr ihren Laptop hoch. Sie war mit Katharina und Janine „befreundet" – sie spielten in einer Mannschaft, da war das wohl normal, auch wenn sie auf diese Freundschaft gut verzichten konnte. Doch jetzt siegte die Neugier in ihr und sie ging auf Janines Seite bei Facebook. Wie sie es sich gedacht hatte: Katharina hatte auf Janines Pinnwand gepostet und in der relativ kurzen Zeit hatte es bereits 23 Kommentare darauf gegeben:
„Krasser Artikel, was? Hätte nicht gedacht, dass die Zeitung was taugt!"
Jetzt wollte Johanna alles wissen und schaute sich weitere Kommentare an:
„Star! Hahahahahahaha :D"
„Hat ja wohl mal voll scheiße gespielt, der Star!?"
„Jo! :D"
„Selbst schuld, die Olle! Hahahahaha!"
Endlich kam auch mal ein Kommentar, der ihr gut tat. Der kam von Mona aus der Parallelklasse:
„Seid ihr eigentlich bescheuert? So etwas diskutiert man nicht in aller Öffentlichkeit! Also haltet mal

besser die Klappe! Oder wollt ihr etwa, dass man euch so durch den Kakao zieht?!"

Dann noch ein weiterer Kommentar:

„Was ist denn los????"

Das war Felix! Jetzt musste Johanna sogar schmunzeln. Typisch Felix: völlig verpeilt und bekommt nichts mit. Ansonsten ging es in dem Stil weiter. Einige Mitschüler machten sich lustig, andere hielten mehr zu ihr und lästerten dafür über die **Droste-News** ab. Für alles gab es „Gefällt mir"-Kommentare. Fabian hatte sich nicht auf der Seite verewigt – immerhin. Im Grunde hatte sie nichts anderes erwartet. Sie beschloss, sich nicht weiter darüber zu ärgern und fuhr ihren Laptop herunter.

„Kann Papa mich abholen?", fragte sie mit der gepackten Tasche in der Hand.

„Ja, das musste er mir versprechen. Wenn er schon genauso versponnen ist wie du, dann soll er wenigstens etwas dafür tun."

„Ach, Mam, nun nimm es nicht so schwer. Deinem kleinen Töchterchen geht es gut!", versuchte Johanna ihre Mutter zu versöhnen. Ihre Mutter wusste, wann sie sich geschlagen geben musste. Einerseits fand sie es ja gut, dass Johanna sportlich aktiv war. Sich nicht wie andere Jugendliche die Zeit sinnlos vertrieb oder noch schlimmer mit Alkohol oder gar noch härteren Drogen hantierte. Nein, der Sport war eine prima Sache und solange Johanna im Ort spielte alles auch noch im Lot. Doch seit sie gute Aussichten auf eine erfolgreiche Sportkarriere

hatte, war der Sport endgültig die Nummer Eins in ihrem Leben geworden. Johanna kannte gar nichts anderes mehr außer Training. Johannas Mutter hatte kein gutes Gefühl dabei, wusste aber auch nicht, wie sie ihrer Tochter den übertriebenen Eifer hätte ausreden können. Immer noch kopfschüttelnd räumte sie den Mittagstisch ab.
„Hast du wenigstens alle Hausaufgaben fertig?“, fragte ihre Mutter.
„Für morgen ist alles erledigt und Geschichte hat noch Zeit!“, erwiderte Johanna.
„Schreibt ihr denn in nächster Zeit keine Arbeit?“
„Nö, das dauert auch noch.“ Johanna nahm sich aus der Küche einen Apfel und verließ das Haus. „Ciao, Mam, bis heute Abend!“, rief sie noch und weg war sie. Krachend fiel die Haustür ins Schloss. Schon als Kleinkind war Johanna ein Wirbelwind. Ein absolutes Energiebündel, das nie schlafen wollte. Ständig hatte sie einen Ball in der Hand oder machte sonst irgendwelche Turnübungen. Wenn andere Mädchen in ihrem Alter liebevoll ihre Puppen umsorgten, dann tollte Johanna durch den Garten. Alles sehr zur Freude ihres Mannes, der gern einen Sohn gehabt hätte und sich über dieses Mädchen, das so ganz und gar nicht wie ein Mädchen war, freute. Die beiden waren oft mehr Kumpel als Vater und Tochter. Aber inzwischen fragte sich Johannas Mutter, ob sie nicht schon eher hätte einschreiten müssen? Schon lange machte sie sich Sorgen, doch ihr Mann war dafür gänzlich unempfänglich.

Johanna liebte den Geruch von Turnhallen. Das Quietschen der Turnschuhe auf dem Boden war Musik in ihren Ohren. Doch heute betrat sie die Halle mit sehr gemischten Gefühlen. Seit dem Spiel vom Samstag hatte sich diese Angst in ihrem Kopf festgesetzt; diese Angst, sie könne sich wieder ihr Knie verletzen. Angst, sie könnte die geforderte Leistung nicht bringen. Der Arzt hatte gesagt, dass alles gut verheilt sei und sie sich keine Sorgen machen müsste. Ja, auch Handball spielen dürfte sie wieder. Nein, nicht sofort. Ein halbes Jahr müsste sie schon pausieren. Ein halbes Jahr! Wusste dieser Arzt eigentlich, was ein halbes Jahr Trainingsausfall bedeuten würde? Dann wäre die Landesliga gestorben. Dann könnte sie in einer Hobbymannschaft alt werden. Dann wäre an Karriere nicht mehr zu denken! Heimlich hatte sie schon viel früher wieder angefangen. Hatte mit Jogging begonnen, lang bevor die Physiotherapeutin ihr Okay gegeben hatte. Als Daniela, so hieß ihre Physiotherapeutin, meinte, dass sie so langsam mit Lauftraining anfangen könnte, lief sie bereits Strecken von fünf Kilometern. Nach vier Monaten stand sie wieder in der Halle. Anfangs musste sie sich dabei aus dem Haus schleichen, denn ihre Mutter hätte es niemals zugelassen, dass sie vor der Zeit anfangen würde. Als ihre Mutter es dann doch herausgefunden hatte, gab es erst einmal einen riesigen Knatsch.

„Johanna, du weißt genau, dass du es mit deinem Sport langsam angehen musst. Ich verstehe nicht, warum du dich einfach über alles hinwegsetzt?"

Johanna wäre am liebsten geplatzt. Dieser beleidigte Ton-

fall ihrer Mutter machte sie einfach wütend. Sie war doch kein Kleinkind mehr!
„Es ist verdammt noch mal mein Leben!“, hatte sie ihrer Mutter wütend an den Kopf geworfen. „Handball ist mir tausendmal wichtiger als die scheiß Schule!“ Wie ein Topf mit kochendem Wasser, auf dem der Deckel zu fest saß, war Johanna geplatzt. Es war eigentlich gar nicht ihre Art, so aus der Haut zu fahren. Aber an diesem Tag musste alles einmal raus, bevor sie daran zu ersticken drohte. Ihre Mutter hatte daraufhin nichts mehr gesagt. So lief das immer ab. Wenn es zum Krach kam, sagte ihre Mutter einfach gar nichts mehr. Das war ihre Art, mit Konflikten umzugehen und machte Johanna manchmal nur noch wütender. Wenn sie es ihr wenigstens verboten hätte. Aber hätte das wirklich etwas gebracht? Mit dem Kopf ging sie durch die Wand – auch wenn sie sich dabei Beulen holte.
Doch heute war ihre Zuversicht geschwunden. Ihr Kopf sagte etwas anderes als ihr Bauch und Johanna wusste, dass das nicht gut war.

9. Kapitel

Nach dem Mittagessen war Fabian wortlos in sein Zimmer verschwunden. Seiner Mutter hatte er von Kopfschmerzen erzählt. Deswegen machte sie sich auch keine weiteren Gedanken darüber, dass er kaum Appetit gehabt hatte. Fabian ärgerte sich noch immer über Oliver. Er ärgerte sich aber auch über sich selbst. Hätte er es ahnen können, dass Oliver seinen Artikel manipuliert? Hatte er es vielleicht sogar mit Absicht getan? Fragen über Fragen. Das Grübeln in seinen vier Wänden brachte ihn auch nicht weiter. Immer wieder hatte er auf die Uhr geschaut. Die Schule war inzwischen schon längst vorbei. Bei Johanna vorbeizufahren traute er sich jedoch nicht. Da musste er schon auf eine andere Gelegenheit warten. Dann fiel ihm Martin ein. Mit Martin würde er am ehesten noch einmal über die Angelegenheit sprechen können. Er rief ihn an und Martin hatte nichts dagegen, dass er vorbei kam.

„Aber was ist mit deinen Kopfschmerzen?“, fragte seine Mutter besorgt.

„Schon besser. Außerdem kann Martin mir sagen, was ich in Englisch verpasst habe. Vielleicht machen wir dann noch Hausaufgaben zusammen.“ Eigentlich hätte sich Fabians Mutter über so viel Fleiß wundern müssen, doch es war ihr nur recht, wenn er den Stoff der Stunde nacharbeiten wollte.

„Wenn du aber wieder Kopfschmerzen bekommst, kommst du gleich zurück, ja? Oder ruf an!"
„Geht klar!" Und schon saß er auf seinem Rad unterwegs zu Martin. *Was,* ging es ihm durch den Kopf, *wenn ihm Johanna jetzt zufällig begegnen würde?* Er konnte überhaupt nicht einschätzen, wie sie reagieren würde. Bisher hatte er auch noch keine Idee, wie er ihr das Zustandekommen des Artikels erklären sollte. Besonders glaubhaft hörte es sich ja nicht an, wenn er alles auf Oliver schob. Manchmal war die Wahrheit zu einfach, als dass man sie glauben konnte. Wie eine düstere Wolke hing die Sache über ihm.
Martins Mutter öffnete die Tür: „Martin!", rief sie und bat gleichzeitig Fabian herein. „Geh ruhig durch. Martin sitzt wahrscheinlich wieder an seiner Spielekonsole."
„Was dagegen?", fragte Martin grinsend.
„Wäre schön, wenn ihr vielleicht auch noch mal etwas anderes unternehmt …", erwiderte die Mutter.
„Geht klar, Mutter, wir können ja nachher noch die Enten im Park füttern gehen oder so etwas …"
Martin war ganz schön frech, aber offensichtlich war das sein üblicher Umgangston, denn Martins Mutter reagierte gelassen: „Das wäre zumindest mal etwas anderes!"
Ohne weitere Worte zog Martin die Tür hinter sich zu. Und tatsächlich: Martin hatte vor seiner Spielekonsole gesessen. „Hast du Lust zu spielen?"
„Warum nicht?", antwortete Fabian. Eigentlich war er kein großer Freund von Ballerspielen – doch heute hatte er das Gefühl, seinen ganzen Frust los werden zu können.

„Dafür, dass du sonst nicht oft spielst, bist du verdammt gut“, musste Martin anerkennend zugeben.
„Macht sogar echt Laune“, erwiderte Fabian.
„Lust auf noch ein Spielchen?“, fragte Martin.
„Eher nicht“, gab Fabian zur Antwort.
„Dann also Enten füttern?“, konterte Martin grinsend.
„Das nun auch wieder nicht!“ Fabian überlegte, wie er das Thema **Droste-News** und Artikel anschneiden sollte, doch da kam Martin ihm zuvor: „Hast du dich inzwischen etwas beruhigt? Warst ja ziemlich sauer heute Vormittag.“
„Na ja, fair war das von Oliver ja wirklich nicht gerade. In meinem Artikel stand nicht ein bisschen etwas von einem ‚heimlichen Star der Mannschaft‘. Ist doch klar, das Johanna darüber ziemlich sauer sein wird, oder?“
„Und, kann dir das nicht egal sein? Ich meine, was soll's? Soll sie doch beleidigt sein!?“
Jetzt musste Fabian entscheiden, wie viel er preisgeben wollte. „Ist mir aber nicht egal!“
Er hoffte, das Martin verstehen würde, warum es ihn so auf die Palme gebracht hatte.
„Mann, wenn du auf Johanna stehst, dann kann ich dir gleich sagen, dass das aussichtslos ist. Die kennt nur ihren Sport. Oliver hatte vor einiger Zeit auch mal Interesse bekundet – aber nichts da. Die ist nur mit ihrem Handball verheiratet. Total fanatisch!“
„Was heißt auf sie stehen … Ich mag sie halt und ich finde es nicht in Ordnung, über jemanden irgendwelchen Mist zu labern.“

Martin dachte einen Moment nach. „Recht hast du. Vielleicht war das auch ein klein bisschen Rache von Oliver. Dafür hätte er aber auf keinen Fall deinen Namen benutzen dürfen. Hast du denn schon mit Johanna darüber gesprochen?“
Das war ein wunder Punkt. Bisher hatte Fabian diese Gedanken beiseitegeschoben. „Nein“, war die knappe Antwort.
„Solltest du aber“, erwiderte Martin fast ebenso knapp.
„Schon klar …“
Die Stimmung war gedrückt. Fabian bereute es schon, dass er sich zur Mitarbeit an der Zeitung je bereit erklärt hatte. Und wieder schien es fast so, als könne Martin Gedanken lesen: „Du machst doch aber weiter bei der Zeitung, oder?“
Heute Vormittag hätte Fabian wirklich am liebsten alles hingeworfen. Doch das wäre kindisch gewesen. Außerdem war das Kind längst in den Brunnen gefallen – wie seine Mutter in solchen Situationen immer zu sagen pflegte. Nein, aufgeben war nicht sein Ding.

10. Kapitel

„Hi, Johanna, prima, dass du da bist. Nach Samstag dachte ich schon, du könntest vielleicht kneifen!“, begrüßte Thorsten sie. „War aber auch wirklich nicht dein Tag, Samstag! Na, Schwamm drüber. Hauptsache, du bist wieder fit – große Dinge stehen an!“ Thorsten grinste geheimnisvoll. Kein Wort der Fürsorge. Hauptsache, sie war wieder fit. Was er wohl hatte? In der Umkleide waren schon die meisten der anderen Mädels. Die Stimmung war gut. Auch Janine und Katharina schienen erträglich zu sein. Zumindest ließen sie Johanna in Frieden. Keine spitzen Bemerkungen. Offensichtlich hatte Thorsten seine geheimnisvolle Ankündigung schon öfter losgelassen. Was das wohl bedeutete?
„Hast du etwas aus Thorsten herausbekommen?“, fragte Nadine sie.
„Nee“, gab Johanna zur Antwort. „Hat er bei euch auch so vage Anspielungen gemacht?“, ergänzte sie. „So von wegen ‚große Dinge stehen an‘ …“
Die Mädels lachten laut los. Manchmal war Thorsten schon recht kauzig. Ein super Trainer, aber sehr verbissen. Das war nicht immer einfach mit ihm. Und dennoch schätzte Johanna die Qualität seines Trainings. Er hatte sie ziemlich weit gebracht und auch sie war ehrgeizig.
„Vielleicht hat er einen neuen Sponsor aufgetan?“, mutmaßte Laura.

„Ja, das wäre schon nicht schlecht. Neue Trainingsanzüge, neue Sporttaschen …"

„Und ein Cabrio … träum weiter, Lisa!", kam es von Janine. Ihre Giftzunge musste sich auch überall einmischen.

„Möglich wäre es trotzdem!", meinte Nadine.

„Los, die Damen, macht mal voran!", schallte es vom Flur in die Kabine. Thorsten trieb die Spielerinnen zur Eile an.

„Ja, ja, nur keine Minute des wertvollen Trainings vertrödeln …", lästerte Laura.

„Wenn du keinen Bock auf anständiges Training hast, bleib doch zu Hause!" Das war wieder Janine. Johanna hatte schon länger beobachtet, dass Janine sich tüchtig bei Thorsten einschleimte. Ihr war schleierhaft, was sie damit erreichen wollte. Dass sie auf Thorsten stand, davon war nicht auszugehen. Thorsten war Anfang 40, verheiratet und einzig und allein an Handball interessiert. Das hatte Johanna immer ganz toll gefunden. Sie konnte früher gar nicht genug vom Training bekommen. Mittlerweile hatten sich die Mädchen in der Halle eingefunden. Im Halbkreis saßen sie um Thorsten. „Also, ich will nicht lang um den heißen Brei reden: Bei unserem Spiel in zwei Wochen werden zwei Vertreter des Verbands sein, die Kandidatinnen für die Landesliga suchen. Was das bedeutet, brauche ich euch ja wohl nicht zu sagen, oder? Zwei Mädchen sollen die Chance bekommen, sich bei einem Auswahlspiel in vier Wochen zu qualifizieren. Lan-des-li-ga! Die ganz große Chance! Auch wenn nur zwei von euch ein Ticket zum Auswahlspiel bekommen, so möchte ich doch, dass wir ein verdammt gutes Spiel abliefern. Schließlich will ich mich nicht blamieren. Klar?!" Thorsten blickte in die Runde und sah die erwartungsvollen Gesichter der Mädchen. Landesliga war für sie alle das große Zauberwort. Wer es dahin schaffte, war auf der Profischiene. In dem Punkt waren sie sich alle einig. Auch wenn Thorstens Tonfall etwas militärisch geklungen hatte, so wussten sie doch, dass sie ihren Erfolg zu einem großen Teil ihm zu verdanken hatten.

Euphorisch stürmten sie auf das Spielfeld und wollten mit dem Training beginnen. Auch für Johanna wäre die Landesliga die Erfüllung eines ganz großen Traumes. Thorsten freute sich über so viel Begeisterung bei den Mädchen und war sich deswegen sicher, dass er seine Spielerinnen nicht noch extra für das anstehende Trainingscamp motivieren musste. Einmal pro Jahr legte die Mannschaft ein Intensivtraining ein: Technik und Fitness – ein ganzes Wochenende nur Sport. Über das diesjährige Camp hatte er noch nicht ausführlich gesprochen; die Zeit beim Training hatte bisher nicht gereicht, jetzt mussten aber doch noch ein paar organisatorische Dinge geklärt werden: „Dieses Wochenende steht unser Trainingscamp auf dem Plan – das hat ja wohl keine von euch vergessen, oder? Wir fahren in eine Freizeitunterkunft mit Halle. Ich habe schon alles klargemacht; Kosten trägt wie immer der Verein, wäre nur gut, wenn ein paar Eltern fahren könnten. Ich erwarte euch vollzählig!" Als Thorsten geendet hatte, herrschte in der Halle ein wildes Geschnatter, Zimmer wurden schon verteilt und so fort. An Training war erst gar nicht zu denken. Zusätzlich zum normalen Training war ein solches Wochenende natürlich ganz schön hart, aber von nix kommt nix, wie Thorsten immer sagte. Johanna fragte sich nur, wie sie das ihrer Mutter beibringen sollte. Dreimal Training war ihr schon einmal zu viel. ‚Wo bleibt denn da die Schule? Ohne einen guten Schulabschluss kann man doch heute nichts werden, Kind. Denk doch mal an deine Zukunft!' Das waren so ihre Worte. Die zusätzliche Trainingseinheit würde ein zähes Stück Verhandlungsarbeit bedeuten. Sie konnte nur hoffen, Schützenhilfe von ihrem Vater zu bekommen. Wenn sie ein paar gute Arbeiten mit nach Hause brächte, wäre das natürlich auch von Vorteil – aber danach sah es im Moment eher nicht aus. Na ja, wie dem auch sei. Wenn sie sich vor den Verbandsheinis nicht blamieren wollten, dann musste das zusätzliche Training wohl sein.

11. Kapitel

Das Trainingsspiel verlief eigentlich ganz gut. Johanna dachte mehr über Thorstens Ankündigung und die bevorstehende Diskussion mit ihrer Mutter nach als über ihr Knie.
Doch dann passierte es. Ein ungenauer Pass, sie hechtete zum Ball und es kam zu einem abrupten Stopp. Die ganze Energie des Sprungs entlud sich über ihr Bein. Ein gellender Aufschrei und Johanna ließ sich fallen. War da wieder etwas mit ihrem Knie passiert? Wie aus weiter Ferne hörte sie die Pfeife. Thorsten hielt das Spiel an. „Verdammt noch mal, Johanna!“, brüllte er los. „Das war genau so eine Ballettnummer wie letzten Samstag. Ich dachte, die Kacke hätten wir hinter uns! Willst du dich nicht auf das Spiel konzentrieren, oder was? Die Verbandsknaben lachen sich halb tot, wenn sie so einen Mist zu sehen bekommen.“
Johanna hatte Thorstens Worte nur mit halbem Ohr mitbekommen. Die „Verbandsknaben“ waren ihr im Moment ziemlich egal. Mühsam stand sie auf und humpelte zum Spielfeldrand. Sie wollte ihr Bein nicht unnötig belasten. „Okay, Schluss für heute. Geht euch umziehen!“
Einige der Spielerinnen waren motzig wegen des vorzeitigen Trainingsendes. Johanna war still, hörte in sich hinein. Thorsten hatte im Grunde Recht. Sie verpatzte Standardsituationen – aus Angst. Gerade weil sie Angst

hatte sich zu verletzen, machte sie Schonbewegungen, die viel schlimmer waren. Thorsten hätte sie aber nicht gleich so anbrüllen müssen.
Als sie die Umkleidekabine verließ, hörte sie Thorsten und Michael aus der Trainerkabine. Michael war Torwarttrainer und kam sooft wie es ihm möglich war zum regulären Training, um mit Nadine und Laura Extraeinheiten einzulegen. Die beiden Männer hatten eine heftige Auseinandersetzung und Johanna konnte hören, worum es ging.
„Du bist ja völlig durchgedreht!“ Das war Michael.
„Du weißt genau, dass nächsten Samstag die Verbandsheinis kommen!“, konterte Thorsten.
„Ja, und? Musst du deshalb Johanna so zur Schnecke machen? Sie schmeißt sich ja wohl nicht absichtlich hin, oder?“
„Johanna gehörte einmal zu den besten Spielerinnen …“
„Und das gibt dir das Recht, das Mädchen so herunterzuputzen, was?“
„Top oder hopp – so einfach ist das nun einmal.“
„Du hast doch einen Knall! Mach mal Urlaub, bevor du die Mädchen völlig kaputt machst!“, griff Michael Thorsten an.
„Wie ich mein Training gestalte, ist wohl einzig und allein meine Sache!“, rechtfertigte sich Thorsten.
„Ist es nicht! Du bist Johannas Trainer und solltest ihr ein Vorbild sein – und nicht nur ihr, sondern der ganzen Mannschaft. Wenn du nur Leistung von den Mädchen verlangst, glauben sie am Ende, dass sie ohne Erfolg

nichts wert sind. Als Trainer musst du den Spielerinnen Selbstvertrauen und Stärke geben – auch mit Niederlagen müssen sie lernen, fertig zu werden. Das ist auch unsere Verantwortung als Verein!“

Thorsten hatte wortlos zugehört. „Bist du fertig mit deiner Moralpredigt?“, sagte er betont ruhig.

„Du kannst mich mal …!“, gab Michael zur Antwort und verließ die Trainerkabine. Hier schien jedes weitere Wort überflüssig zu sein. Thorsten wollte einfach nicht kapieren, worum es im Sport ging. Zum Glück gab es wenige solcher schwarzen Schafe – allerdings war einer nach Michaels Geschmack schon einer zu viel. Beim Verlassen der Kabine begegnete er Johanna. Er grüßte sie verlegen.

„Hi. Hör mal, Johanna, ich weiß nicht, ob du unseren Zoff gerade mitbekommen hast, aber lass dir eins sagen: Thorsten ist nicht der Bundestrainer und der Sport soll dir vor allem Spaß machen. Als ich so alt war wie du, war ich kurz davor, den Sport an den Nagel zu hängen. Mein Trainer war verdammt ehrgeizig – zu ehrgeizig für mich damals. Es machte einfach keinen Spaß mehr …“

Johanna schaute Michael an und nickte.

„Wie auch immer … Mach's gut, Johanna!“

„Tschüss, Michael.“ Johanna wusste nicht, ob sie noch etwas sagen sollte. ‚Danke‘ hätte sie irgendwie nicht passend gefunden, obwohl sie Michael dankbar war, dass er für sie Partei ergriffen hatte. Es kam nur so unerwartet. Sie hatte sich bisher keine Gedanken darüber gemacht, ob Thorstens Verhalten in Ordnung war. Gut fand sie es nicht, aber war es am Ende auch falsch? Ihr brummte der

Schädel. Warum war alles so kompliziert geworden?
Johanna schulterte die Sporttasche und verließ die Halle. Draußen war es inzwischen schon fast dunkel geworden. Dafür war es aber noch angenehm mild. Johanna wunderte sich, dass ihr Vater noch nicht da war. Doch dann fiel ihr ein, dass Thorsten das Training gut zwanzig Minuten eher abgebrochen hatte – kein Wunder also.
„Johanna!“ – das war Thorsten. Was wollte er? Sie hatte wenig Lust, in die Auseinandersetzung zwischen Michael und Thorsten hineingezogen zu werden. Auf einen Vortrag oder gar eine weitere Standpauke hatte sie noch weniger Lust.
„Hör mal, tut mir leid wegen eben, aber ich steh auch enorm unter Druck. Schließlich habe ich allen erzählt, dass ihr eine Top-Mannschaft seid. Dein Problem lässt sich aber in den Griff bekommen.“
Johanna runzelte die Stirn. Was meinte er?
„Manchmal muss man dem Körper ein bisschen Unterstützung geben, verstehst du?“ Thorsten hätte genauso gut Spanisch sprechen können – sie verstand kein Wort. „Nicht wirklich“, gab sie zur Antwort.
„Na ja, wie soll ich es sagen. Manchmal braucht der Körper eben mehr als nur gutes Essen. Es gibt Mittel, die die Leistungsfähigkeit kurzfristig steigern, weißt du? Wenn du dann wieder in Form bist, brauchst du sie auch nicht mehr.“
„Aber, ist das nicht Doping?“ Johanna verstand die Welt nicht mehr. Wollte ihr Trainer sie gerade zu irgendwelchen Doping-Pillen überreden? Sie musste sich irren!

„Was heißt schon Doping? Alle machen das doch irgendwie. Im Radsport fährt doch heute kaum einer ohne Pillen. Was ist da auch schon großartig dran?"
„Aber das ist doch nicht fair ...", Johanna blieben die Worte weg. Wollte er sie wirklich zu Doping überreden?
„Was heißt schon fair? Weißt du denn, ob die anderen nicht schon längst kleine Unterstützer haben?" Thorsten hätte wahrscheinlich noch mehr gesagt, aber da kamen schon die anderen. „Also, überleg es dir. Du weißt, wo du mich findest, wenn ich dir helfen soll. Tschüss, Johanna!"
Mit diesen Worten ließ Thorsten sie stehen.
Johanna stand wie angewurzelt vor der Halle und war nur froh, dass niemand sie beachtete.

Ihr Vater war noch immer nicht da und sie fühlte sich schrecklich allein. Doch dann bemerkte sie, dass jemand anderes da war: Fabian!
Wollte der gut Wetter machen? Das konnte er sich sparen!
„Was willst du denn? Spionieren für deinen nächsten Artikel?", herrschte sie ihn unfreundlich an. Schade, dass sie sich so in Fabian getäuscht hatte. Gerade jetzt hätte sie gut jemanden zum Reden gebrauchen können. „Ich bin also der ‚heimliche Star' der Mannschaft, ja? Wer hat dir denn solch einen Unsinn eingeflüstert?"
„Niemand! Das ist es ja gerade, worüber ich mit dir sprechen möchte", antwortete Fabian.
Sie verstand nicht, worauf er hinauswollte. „Wie meinst du das?", fragte sie immer noch ziemlich unfreundlich.
„In meinem Artikel hat nie etwas von einem heimlichen

Star gestanden. Wenn du willst, zeig ich ihn dir gern."
„Und wie kommt dann dieser Unsinn in eure Zeitung?", wollte Johanna wissen.
„Oliver! Oliver hat den Artikel einfach verändert. Ohne mein Wissen. Ich war selbst stinksauer, als ich den Artikel gelesen hab. Ich habe Oliver ordentlich die Meinung gegeigt und er hat versprochen, so etwas nicht noch mal zu machen."
„Schön für euch!" – Johanna wollte sich nicht so schnell versöhnt zeigen, obwohl sie sich gut vorstellen konnte, dass Oliver hinter einer solchen Sauerei steckte. „Den Artikel hat aber nun einmal die halbe Schule gelesen!"
Fabian war sichtlich zerknirscht. Johanna hatte allen Grund, sauer zu sein. Aber er konnte nun wirklich nichts dafür. „Nun guck nicht so", lachte Johanna. „Ich kenne Oliver gut genug. So etwas ist ihm durchaus zuzutrauen."
„Das heißt, du bist nicht mehr sauer?", fragte Fabian.
„Doch! Aber auf Oliver! So einen Unsinn verzapft man einfach nicht. Ich hab schon genug Stress." Für einen Moment überlegte Johanna, ob sie Fabian von der Landesliga erzählen sollte. Oder von Thorstens Ausraster und ihrem erneuten Patzer? Vielleicht auch von Thorstens seltsamen Angebot? Ihr Kopf war so voll! „Komm, lass erst einmal gehen."
„Musst du nicht zum Bus?"
„Nein, mein Vater holt mich ab."
Als sie sicher war, dass alle außer Hörweite waren, begann sie zu erzählen. Sie erzählte wie ein Wasserfall. Alles: von der Landesliga, ihrem Patzer und Thorstens Ausraster.

Auch von dem Zoff zwischen Michael und Thorsten. Alles sprudelte aus ihr heraus und sie war froh, dass sie es bei jemandem loswerden konnte, bevor es sie erdrückte. Nur von Thorstens Vorschlag mochte sie nichts sagen. Sie war sich ja jetzt nicht einmal mehr sicher, ob er wirklich von Dopingmitteln geredet hatte oder ob sie ihn einfach nur missverstanden hatte.

Fabian hatte aufmerksam zugehört. Als Johanna fertig war, sagte er erst einmal nichts. Auch darüber war sie froh. „Was willst du?“, fragte er schließlich. Eine einfache Frage und dennoch war die Antwort so schwer. Profikarriere oder Spaß? Sie hatte mal geglaubt, dass sich das nicht gegenseitig ausschloss. Wie dumm war sie da gewesen. Jetzt musste sie sich entscheiden. „Ich weiß nicht“, brachte sie schließlich hervor.

„Kann ich mir vorstellen“, antwortete Fabian. „Aber vielleicht machst du dir auch zu viele Gedanken. Meine Oma sagt immer ‚Meistens kommt es sowieso anders, als man denkt.‘ Warte doch einfach ab und guck was passiert.“

Wenn das so einfach wäre, dachte Johanna, aber eine andere Lösung hatte sie auch nicht parat. Dann sah sie den Wagen ihres Vaters auf den Parkplatz fahren. „Da kommt mein Vater … ich muss dann wohl. Schön, dass du da warst – ehrlich.“

„Echt?“, fragte Fabian.

Johanna drehte sich noch mal zu Fabian um: „Logo!“ und verschwand dann im Wagen ihres Vaters. Johanna war ein tolles Mädchen und es ärgerte Fabian, dass sie sich so fertigmachen ließ – und dass er so hilflos war. Was hätte er ihr schon sagen können? Und dennoch hatte sie sich gefreut, dass er da war, oder? Das hoffte er wenigstens. Nachdenklich stieg Fabian auf sein Fahrrad und radelte heimwärts.

12. Kapitel

Wilde Träume hatten Johanna in der Nacht geplagt: Die ganze Sporthalle lag voller Bälle. Verzweifelt versuchte Johanna, sich aus diesem Meer von Bällen zu befreien. Fabian stand am Rand der Halle und reichte ihr eine Hand. Doch immer, wenn sie sich ein Stück vorwärts bewegt hatte, warf Thorsten neue Bälle in die Halle. Michael versuchte, ihn daran zu hindern, aber es gelang ihm nicht. Janine und Katharina standen lachend am Rand und reichten Thorsten immer neue Bälle … Sie war froh, als sie der Wecker endlich aus diesem schrecklichen Traum befreite.

Aber damit war das miese Gefühl noch längst nicht vorüber. Auch an diesem Morgen hatte sie wenig Lust auf Schule – obwohl es weniger an der Schule lag als vielmehr an Katharina und Janine. Dass sie ausgerechnet auf die gleiche Schule gehen mussten! Nur ein Glück, dass sie nicht auch noch in die gleiche Klasse gingen. Das wäre wirklich zu viel für Johanna gewesen. Gestern hatte sie sich an ihnen und ihren blöden Sprüchen vorbeigedrückt. Hatte sich einfach beim Umziehen beeilt und schnell die Halle verlassen. Heute würde sie ihnen nicht ausweichen können. Außerdem ärgerte sie dieser blöde Traum. Vielleicht hatte Fabian ja Recht und sie machte sich wirklich nur zu viele Gedanken. War halt alles ein bisschen viel in letzter Zeit.

Doch ihr Traum wurde schneller Wirklichkeit, als sie gedacht hatte. Als sie aus dem Bus ausstieg, standen Katharina und Janine schon vor dem Schultor und Johanna hatte fast den Eindruck, die Mädchen hätten auf sie gewartet. Beide hefteten sich auch direkt an Johannas Fersen und Janine flötete in scheinheiligem Ton: „Warst gestern Abend ja ziemlich schnell weg!"
„Ja, und?", antwortete Johanna barsch.
„Hör mal, wir haben keinen Bock, dass du uns das Spiel am Samstag versaust!" Katharinas Tonfall war noch schärfer als sonst und Johanna verstand zunächst gar nicht, worauf die beiden hinauswollten.
„Genau, wenn die Typen von der Landesliga am Ende auf uns verzichten, weil du das Spiel verpatzt, dann …" Janine brachte den Satz nicht zu Ende.
„Was dann?" Jetzt wusste Johanna, was die beiden antrieb. Sie machten sich Hoffnung auf die Landesliga und da Thorsten nur von zwei Spielerinnen gesprochen hatte, die für das Auswahlspiel in Frage kamen, fürchtete dieses siamesische Zwillingspaar, dass eine von ihnen den Kürzeren ziehen würde, denn Johanna war noch immer so gut, dass sie mit zu den Favoritinnen zählte.
Janine hatte ihr bestes Motzgesicht aufgesetzt. Sie wusste wahrscheinlich selbst nicht, was dann passieren sollte. Johanna war nur noch wütend und motzig dreinschauen konnte sie allemal.
„Dann strengt euch mal mächtig an, ihr Champs, sonst bleibt die Landesliga ein süßer Traum." Damit ließ Johanna die beiden Mädchen stehen.

„Dein süßer Traum hat ja wohl einen anderen Namen, oder?“ Diese dämliche Bemerkung hatte Katharina ihr hinterhergerufen. Johanna überlegte einen Moment, ob sie sich umdrehen und darauf eingehen sollte, entschied sich dann aber dagegen. Es war wohl das Beste, sie zu ignorieren. Außerdem hatte es sie schon genug Kraft gekostet, den beiden Paroli zu bieten. Ihr ging so viel durch den Kopf und da brauchte sie diesen Zickenterror nicht auch noch. Wie sollte sie sich heute auf die Schule konzentrieren? Ihr war nach Weglaufen zumute. Thorsten – Landesauswahl – Fabian: Wieso war alles so kompliziert geworden? Diese Frage hatte sie sich in letzter Zeit oft gestellt. Gehörte das einfach dazu? War das so, wenn man erwachsen wurde? Wurde die Welt dann plötzlich kompliziert? Die Schulglocke riss sie aus den trüben Gedanken, die wie ein düsterer Schatten über ihr lagen. Die Aussicht auf eine Stunde Erdkunde mit der Krüger war allerdings auch nicht verlockend. Im Flur vor dem Klassenzimmer begrüßte Fabian sie. Ziemlich distanziert erwiderte sie seinen Gruß. Er konnte zwar nichts dafür und es tat ihr im selben Moment auch leid, aber heute morgen wollte sie einfach ihre Ruhe haben. Auch zu Smalltalk mit ihren Freundinnen Nora und Luisa war sie nicht bereit. Die beiden würden das verstehen. Stattdessen hoffte sie nur, dass die Krüger pünktlich käme und endlich die Klassentür aufschloss.
Doch die Pause sollte noch schlimmer werden. Sie hatte sich zu Fabian gesellt, denn sie hatte ein schlechtes Gewissen, weil sie am Morgen so schroff war.

„Was ist denn los mit dir?“, fragte Fabian, als er merkte, dass Johanna reden wollte.
„Ach, eigentlich immer das Gleiche – und davon ganz viel! Die beiden Zicken haben mir heute morgen schon vor der Schule aufgelauert. Sie befürchten, dass ich ihnen das Qualifikationsspiel verpatze!“ Johanna hatte den Satz kaum zu Ende gesprochen, da kamen Janine und Katharina wie die Kichererbsen vorbeistolziert. Das allein hätte Johanna ja nichts ausgemacht, aber Janine zog ein Blatt Papier aus der Tasche, entfaltete es genüsslich und hielt es in Richtung Johanna. Aus vielen hundert Tintenstrichen hatte sie ein großes ‚L‘ auf das Blatt gemalt: L für Loser! Das fanden die beiden wohl auch noch witzig. Durch ihr Gekicher waren auch die anderen Schüler auf dem Schulhof aufmerksam geworden. Schnell bildeten sich Grüppchen, überall wurde getuschelt, gelacht und auf Johanna gezeigt. Da half es auch nichts, dass Janine das Blatt wieder ebenso genüsslich faltete und in die Tasche steckte.
Fabian war vor Wut aufgesprungen und rief: „Geht's noch?!“ Er wollte noch mehr sagen, aber Johanna hielt ihn zurück. „Lass gut sein!“, bat sie ihn. „Die wollen doch nur beachtet werden. Den Gefallen tun wir ihnen nicht.“ Obwohl sie ruhig und gefasst wirkte, war ihr innerlich zum Heulen zumute. Janine und Katharina waren die eine Sache, aber die halbe Schule war dann doch zu viel für sie.
Fabian ließ nicht locker: „Aber so kann das doch auch nicht weitergehen …?“ Er sah richtig süß aus, wenn er

besorgt war. „Hast du mal mit deinem Trainer darüber gesprochen?“
„Nein. Thorsten würde das auch nicht gutfinden, das weiß ich. Aber was soll das bringen? Die glauben doch sowieso, dass ich sein Star bin und er mich nur deswegen so hart dran nimmt.“
Das Wörtchen Star fuhr Fabian sofort in die Magengrube. War das alles am Ende doch seine Schuld? Wegen des verkorksten Artikels? Er warf einen verstohlenen Blick auf Johanna und versuchte herauszufinden, ob sie ihm doch immer noch böse war. Doch dafür gab es keine Anzeichen.
„Hör mal, Johanna, du musst dir das von niemandem gefallen lassen …“
„In zwei Wochen ist der ganze Spuk vorüber. Wenn die Kandidaten für das Qualifikationsspiel bestimmt sind, werden sich alle wieder beruhigen.“ Johanna wusste in dem Moment selbst nicht, ob sie nur Fabian beruhigen wollte oder sich selbst tröstete. Das alles war eine ziemlich blöde Situation! Aber ob sich nach dem Spiel wieder alle beruhigen würden?

13. Kapitel

Wie gut, dass die nächste Redaktionssitzung der **Droste-News** bei Martin stattfand. Fabian hatte schon genug Probleme mit Olivers Auftreten – bei sich zu Hause würde er noch mehr den Chef raushängen lassen. Als Fabian bei Martin ankam, standen da bereits zwei Fahrräder. Die anderen waren also schon da. In aller Ruhe schloss Fabian sein Rad ab; er hatte es nicht eilig. Hoffentlich drückte Oliver ihm keinen dummen Spruch. Sein Ärger war zwar, seit er mit Johanna gesprochen hatte, verraucht, trotzdem konnte er auf dumme Bemerkungen gut verzichten. Martins Mutter öffnete ihm die Tür. „Die anderen warten schon auf dich", sagte sie freundlich. „Und ihr arbeitet wirklich an einer Schülerzeitung?", fragte sie ungläubig.
„Ja, es ist schon die zweite Ausgabe", versicherte Fabian.
„Dass ich das noch erleben darf – keine Spielekonsole und freiwillig arbeiten!", belustigt schüttelte sie den Kopf.

„Hi!", grüßte Fabian in die Runde. Alle saßen auf dem Boden; Martin hatte Block und Stift in der Hand.
„Prima, dass du da bist", kam es zurück. „Wir sammeln gerade Themen für die nächste Ausgabe. Hast du Ideen?"
„Was habt ihr denn schon?", wollte Fabian wissen.
Martin hielt ihm den leeren Block hin: „Wir haben eben erst angefangen, bisher ist uns noch nichts eingefallen."

„Hast du vielleicht etwas aus dem Bereich Sport?“ Diese Frage kam von Oliver. Wollte er ihn provozieren? Fabian fixierte ihn für einen Moment. Er versuchte herauszufinden, wie die Anspielung zu verstehen war. Doch Oliver hatte ein Pokerface. War es nun eine Provokation oder vielleicht ein Friedensangebot? Wie auch immer. Fabian bemühte sich, ruhig und sachlich zu bleiben: „In zwei Wochen ist ein weiteres Spiel der Handballerinnen. Diesmal kommen Verbandsvertreter, die Spielerinnen für die Landesliga aussuchen wollen. Das wäre doch vielleicht etwas? Könnte ganz spannend sein.“
„Du sitzt ja an der Quelle!“ Klar, dass ein solcher Kommentar von Oliver kommen musste. *Also doch Provokation,* dachte Fabian. „Hast du ein Problem damit?“, wollte Fabian wissen. Obwohl er innerlich vor Wut zitterte, bemühte er sich, möglichst cool zu wirken. Bevor Oliver etwas sagen konnte, fuhr Martin dazwischen: „Leute, lasst doch den Kinderkram. So kommen wir doch nicht weiter.“
„Ich habe nicht angefangen“, antwortete Fabian fast beleidigt.
„Musst ja nicht gleich so empfindlich sein. Johanna Krämer geht mir halt auf die Nerven mit ihrem Sport.“
Fabian wusste warum, wollte in der Wunde aber nicht weiter herumstochern. Außerdem hatte Martin Recht: Mit dem Kinderkram kamen sie wirklich nicht weiter. Auch Jan versuchte jetzt abzulenken: „Ich denke, über das Qualifikationsspiel zu berichten, ist eine gute Idee. Schreib doch schon mal auf, Martin!“

„Was denkst du?“, fragte Martin in Richtung Oliver. Immerhin war er es gewesen, der die Zeitung ins Leben gerufen hatte.
„Von mir aus“, stimmte er zu. „Wenn du aber glaubst, auf diese Weise bei Johanna zu landen, kann ich dir jetzt schon sagen, dass das nichts wird. Außer ihrem Handball kennt die nix, gar nix!“
Na also, dachte Fabian, *jetzt liegen die Karten wenigstens auf dem Tisch.* „Erstens geht es mir um die Reportage – ich habe nämlich Lust, eine gute Zeitung auf die Beine zu stellen – und zweitens glaube ich, dass du dich in Johanna tüchtig täuschst!“, antwortete Fabian.
„Wie du meinst“, lenkte Oliver jetzt ein. „Komm aber nicht hinterher und heul mir die Ohren voll.“
„Geht klar!“, erwiderte Fabian.
„Frieden?“ Oliver streckte ihm die Hand entgegen.
„Okay. Aber es werden keine Änderungen mehr vorgenommen ohne Absprache, klar?“
Oliver nickte und Fabian schlug ein.
„Dann können wir ja jetzt endlich weitermachen, oder?“ Jan hatte offensichtlich genug von dem Geplänkel und wollte loslegen.
„Was ist mit dem Namenswettbewerb? **Droste-News** finde ich noch nicht so angesagt“, fragte Martin.
„Für einen Wettbewerb brauchen wir einen Preis“, warf Fabian in die Runde.
„Mein Vater will immer noch kein Geld für das Vervielfältigen – wir haben also noch 40 Euro.“
„Sollen wir Geld als Preis anbieten?“, fragte Jan.

„Finde ich doof! Was haltet ihr von einem PC-Spiel?" Das war Martin.
„Nicht alle sind so spielsüchtig wie du!", erwiderte Oliver.
„Ich?" Martin spielte den Entrüsteten: „Soooo viel spiele ich doch gar nicht!"
„Spiele finde ich auch nicht gut", unterstützte Fabian Oliver.
Sie überlegten noch eine Weile, kamen aber nicht weiter.
„Vielleicht sollten wir das mit dem Namenswettbewerb ganz lassen?", warf Oliver dann in die Runde. „Schließlich geht es darum, was in der Zeitung steht und nicht wie sie heißt!", ergänzte er.
Die anderen Redaktionsmitglieder nickten. Irgendwie war es eh kein guter Tag für eine Redaktionssitzung. Die Auseinandersetzung zwischen Fabian und Oliver hatte nicht gerade zur Stimmung beigetragen, auch wenn die Fronten nun geklärt schienen. Keiner wagte es offen zu sagen, aber die Angst, ihr Zeitungsprojekt könnte eine Eintagsfliege werden, hing im Raum. Dennoch entschieden sie sich, die Sitzung zu beenden und kurze Zeit später machten sich alle auf den Nachhauseweg.

14. Kapitel

Auch in dieser Nacht fand sie kaum in den Schlaf. Die Gedanken rasten wie Güterzüge durch den Kopf. Janine, Katharina und Thorsten tauchten immer wieder in verzerrten Bildern auf. Warum konnte sich nicht Fabian in ihre Träume schleichen? Am nächsten Morgen war sie wie gerädert und fühlte sich hundeelend. Das fiel sogar ihrer Mutter auf.

„Was ist los mit dir, Johanna? Wirst du krank?“ Sie war ehrlich besorgt. Was sollte Johanna ihr sagen? Sie mochte sie nicht beunruhigen.

„Kann schon sein. Ich fühl mich auch ein bisschen heiß. Außerdem habe ich heftige Kopfschmerzen.“ Das konnte nie schaden, denn ihre Mutter fühlte sogleich ihre Stirn.

„Also Fieber hast du keins …“

„Vielleicht ist es trotzdem besser, wenn ich heute einmal zu Hause bleibe.“ Die Aussicht auf einen Tag im Bett war wirklich nicht das Schlechteste.

„Hmm …“, überlegte ihre Mutter. „Ich bin heute aber den ganzen Tag unterwegs. Macht es dir denn etwas aus, wenn du allein bleibst?“

„Quatsch! Und wenn es nicht besser wird, gehe ich einfach in die Apotheke und besorge mir etwas.“

„Wenn du meinst … Ich habe auf jeden Fall das Handy dabei. Wenn es schlimmer wird, rufst du mich an, okay?“

„Abgemacht.“

Und da Johanna wirklich richtig müde war, ging sie nach dem Frühstück gleich wieder ins Bett. Nach einem tiefen Schlaf, in dem sie zum Glück von allen Träumen verschont geblieben war, wachte sie nach einiger Zeit deutlich erholter wieder auf. Ein Blick auf den Wecker verriet ihr, dass es erst kurz vor elf Uhr war. Was sollte sie mit dem Tag anfangen? Sie hatte weder Fieber noch Kopfschmerzen. Das war nur eine Ausrede gewesen.
Auf dem Esstisch fand sie eine Nachricht ihrer Mutter:

Gute Besserung, Liebes – und ruf an, falls etwas ist.

Nach einem zweiten Frühstück wusste sie immer noch nicht, was sie mit sich anfangen sollte. Nichts zu tun war sie einfach nicht gewöhnt. Dann fiel ihr ein, dass sie in die Stadt gehen könnte – falls jemand fragte, war sie einfach auf dem Weg in die Apotheke. Sie freute sich richtig. Ein geschenkter Tag – das hatte sie lange nicht mehr.

Keine halbe Stunde später war sie mitten in der Fußgängerzone. Um die Zeit war nicht viel los – ein paar Mütter mit Kinderwagen, kleine Kinder mit Rollern und jede Menge Rentner. Jetzt kam sie sich doch etwas verloren vor. Was wollte sie hier? Doch dann stand sie plötzlich vor dem Sportgeschäft von Thorsten. Sie wollte gerade gehen, da kam Thorsten auch schon aus dem Geschäft.
„Johanna, was machst du denn hier um diese Zeit? Willst du zu mir?“, fragte er verwundert.

„Em … nein, ich bin … unterwegs zur … Apotheke“, log sie.
„Apotheke? Bist du krank?“, fragte Thorsten.
„Nee, nicht richtig. Ich hab nur starke Kopfschmerzen und wir haben nichts mehr zu Hause.“
„Ach so, ich dachte schon, es wäre etwas Ernstes.“ Thorsten war wirklich besorgt, genau wie ihre Mutter heute morgen. Manchmal verstand sie ihn wirklich nicht. Er war ein guter Trainer. Sie hatte so viel von ihm gelernt. Doch er konnte auch anders: brüllte, tobte und übertrieb maßlos. „Sag mal, hast du eigentlich mal über mein Angebot nachgedacht?“
Angebot? Erst wusste Johanna gar nicht, was Thorsten meinte, doch dann fiel ihr schlagartig das Gespräch vor der Halle wieder ein. Die Pillen – Doping oder was auch immer. Was sollte sie jetzt darauf sagen? Nein, sie hatte wirklich nicht weiter darüber nachgedacht. Sie war sich ja nicht einmal sicher, ob der Vorschlag wirklich ernst gemeint war.
„Ich weiß nicht … Was meinst du denn überhaupt?“, fragte Johanna zaghaft nach.
„Na ja, du weißt schon, die Pillen, von denen ich dir erzählt habe. Im Grunde völlig harmloses Zeug, nichts anderes als ein Grippemittel. Wenn du jetzt in die Apotheke gehst, könnte man dir so etwas ähnliches geben. Der medizinische Begriff dafür ist Ephedrin, gehört zu den Amphetaminen – wie gesagt, hast du auch in Grippemitteln. Darfst du auch nicht zu viel von einnehmen – hilft aber kurzfristig ganz gut. Genau das

Richtige, um sich auf ein Auswahlspiel vorzubereiten." Dabei grinste Thorsten verschwörerisch.

„Aber ist das nicht Doping?" fragte Johanna zögerlich.

„Was heißt schon Doping? Klar, bei 'ner Urinprobe würde man das Zeug nachweisen und von Doping sprechen. Aber das ist so etwas von übertrieben. Ist es auch Doping, wenn du vor dem Spiel 'ne Cola trinkst?" Johanna schüttelte den Kopf. „Also! Da spricht keiner von Doping. Und manche Leute titschen nach einem Glas Cola wie ein Flummi durch die Gegend. Ich sag ja, alles total übertrieben."

Johanna war sich nicht sicher. Machte schon Sinn, was Thorsten da erzählte, aber sie fühlte sich nicht wohl bei dem Gedanken, irgendwelche Pillen zu nehmen. „Ist es denn nicht verboten?", wollte Johanna wissen.

„Verboten? Abschreiben in der Schule ist auch verboten, macht trotzdem jeder. Man darf sich halt nicht erwischen lassen. Ich sag ja auch nicht, dass du das Zeug regelmäßig nehmen sollst. Dann gibt es auch Probleme – aber jetzt wäre gerade der richtige Zeitpunkt. Du bist nicht in Topform und es steht ein wichtiges Spiel an!"

Klang alles sehr überzeugend, was Thorsten so sagte. Fit fühlte sie sich wirklich nicht und wenn so ein paar Pillen helfen könnten? Warum nicht? Johanna war kurz davor, ihre Ablehnung aufzugeben, doch eine Frage ging ihr noch durch den Kopf: „Gibt es keine Nebenwirkungen?"

„Natürlich, aber bei jeder Kopfschmerztablette gibt es eine ebenso lange Liste von Nebenwirkungen. Was wolltest du dir nochmal gerade in der Apotheke besorgen?"

„Kopfschmerztabletten!“ Jetzt musste Johanna sogar lachen.
„Also! Pass auf. Ich geb dir mal ein paar Pillen mit. Am besten nimmst du morgens nach dem Frühstück eine davon. Wäre doch gelacht, wenn du bis zum Auswahlspiel nicht zu Hochform aufläufst.“ Mit diesen Worten verschwand Thorsten im Nebenraum seines Geschäfts. Nach wenigen Augenblicken war er wieder da und hielt ein Stück eines Medikamentenstreifens in der Hand. Zwei Tabletten – grell pink. Sonst nichts. Keine Packung. Nur die zwei Pillen.
„Aber das bleibt unter uns! Klar? Ich meine, es ist nun mal Doping – wie soll ich sagen? Nicht ganz legal. Die Leute machen zwar viel zu viel Aufhebens um die ganze Sache und die Medien spielen es noch hoch, aber besser ist es, wenn du niemandem davon erzählst. Bleibt unser Geheimnis, okay?“ Wieder grinste Thorsten verschwörerisch. Johanna verstand ihren Trainer immer weniger. Sie wollte dieses Zeug nicht! Merkte er das denn nicht? Sie nickte stumm, nahm die Tabletten widerwillig entgegen und steckte sie schnell in die Tasche.
„Gut so … und schön drauf aufpassen. Ich muss jetzt weitermachen. Wir sehen uns beim Training.“
Wieder nickte Johanna nur. Sie fand keine Worte, wusste nicht, was sie sagen sollte. So etwas hätte sie von Thorsten nie gedacht. Sie hatte gehofft, durch einen Stadtbummel auf andere Gedanken zu kommen – das war ziemlich daneben gegangen. Jetzt wollte sie sich nur noch verkriechen – tief unter ihre Bettdecke.

15. Kapitel

Im Fernsehen hatte sie sich jede Menge Schwachsinn angeschaut – einfach um sich abzulenken. Wie gut, als plötzlich das Handy klingelte. „Ja?"
„Hallo, Johanna. Hier ist Fabian – du warst heute nicht in der Schule, da dachte ich …"
Johannas Herz schlug höher. Fabian. Er machte sich wirklich Sorgen. Wie süß!
„Das ist lieb von dir … Meiner Mutter habe ich was von Kopfschmerzen erzählt …" Was sollte sie sagen?
„Und was ist wirklich los?", fragte Fabian, der spürte, dass Johanna etwas ganz anderes belastete.
Wenn das nur so einfach wäre, dachte Johanna. Wie sollte sie sagen, was alles los war? Dazu am Handy. In drei, vier Sätzen war das kaum erklärt.
„Hast du Lust vorbeizukommen?" Johanna wunderte sich selbst über ihren spontanen Vorschlag. Wie gut, dass sie Fabian am anderen Ende der Leitung nicht sehen konnte, er war rot angelaufen.
„… ja, schon … klar …", stotterte Fabian.
„Du weißt doch wo ich wohne, oder?"
„Ja, klar, in einer halben Stunde bin ich bei dir." Damit war das Gespräch beendet. Johanna war froh, dass Fabian kommen würde und bedauerte ihren spontanen Vorschlag nicht im Geringsten. Sie brauchte ganz dringend jemanden zum Reden. Jetzt ging es nicht nur um die beiden

Zicken oder um ihre Mutter – nein, Thorsten und seine Pillen lasteten steinschwer auf ihr. Es war unfair. Es war unsportlich und diese Pillen hatten wahrscheinlich jede Menge Nebenwirkungen. Andererseits hatte sich alles so logisch angehört, was er ihr dazu erzählt hatte. Außerdem hatte sie Angst, ihn zu enttäuschen. Er hatte sich immer voll reingehängt. Es war gut, dass sie Fabian ihr Herz ausschütten konnte.

In Windeseile räumte sie ihr Zimmer auf und holte aus der Küche Kekse, Saft und Gläser.

Kaum war sie damit fertig, klingelte es an der Haustür.

„Hallo!“, grinste Fabian sie an. „Wie geht's?“

„Schon besser. Schön, dass du da bist.“ Sie führte Fabian in ihr Zimmer und war froh, dass sie noch alles aufgeräumt hatte. Schließlich wollte sie keinen schlechten Eindruck bei Fabian machen.

„Hey, Kekse, toll!“ Es gefiel Johanna, dass Fabian sich völlig zwanglos benahm. Als wären sie ganz alte Freunde. Das half ihr, den Anfang zu machen, zu erzählen, was sie bedrückte. Beide hockten sie sich auf den Boden.

„Jetzt sag mal, was ist denn los? Hat es mit Janine und Katharina zu tun?“, fragte Fabian sichtlich besorgt.

„Nein, ausnahmsweise mal nicht“, gab Johanna zur Antwort. Die beiden Zicken hatte sie für den Moment wirklich verdrängt. Das war eine andere Baustelle. Sie überlegte, wie sie anfangen sollte. „Hast du schon mal was von Amphetaminen gehört?“

„Hat das nicht etwas mit Doping zu tun?“ Fabian meinte sich dunkel zu erinnern, dass im Zusammenhang mit der

Tour de France öfters davon die Rede war. Aber er konnte sich auch irren. Auf jeden Fall hatte das Zeug keinen guten Ruf.
„Ja, damit auch. Es ist ein Aufputschmittel. In Grippemedikamenten ist aber wohl auch so etwas drin …"
„Und …?" Fabian war nicht klar, worauf Johanna hinaus wollte. Was hatte das mit ihr zu tun?
„Was ich dir jetzt sage, musst du unbedingt für dich behalten, ja?" Sie war sich immer noch nicht ganz sicher, ob es richtig war, Fabian davon zu erzählen. Sie hatte das Gefühl, Thorsten damit zu verraten. Schließlich hatte er es doch nur gut gemeint, oder? Außerdem hatte sie ihm versprochen, mit niemandem darüber zu reden. Aber konnte sie es denn nur für sich behalten? Nein! Sie musste mit irgendjemandem reden und Fabian war genau der Richtige. Er war vollkommen vertrauenswürdig.
Fabian nickte stumm. Er war gespannt, was kam.
„Also", setzte Johanna an. Sie musste weit ausholen. „Am Samstag schauen sich zwei wichtige Leute unser Spiel an. Es geht darum, dass zwei Spielerinnen aus unserer Mannschaft die Chance haben sollen, in die Landesliga aufzusteigen. Thorsten meint, ich sei gut genug – nur im Moment nicht richtig in Form. Und da es ein so wichtiges Spiel ist, meint er, dass ich etwas ‚Unterstützung' brauchen könnte."
Fabian nickte, verstand aber kein Wort von dem, was Johanna da erzählte.
„Ja, und da hat er mir zwei Pillen zugesteckt. Amphetamine – Aufputschmittel, die mich kurzfristig in meine

alte Topform zurückbringen sollen, verstehst du?“
Fabian brauchte lange, bevor er antwortete. „Du sollst also diese Amphedingsda nehmen, um beim Auswahlspiel besser spielen zu können, um dann bessere Chancen zu haben, richtig?“
„Ja, so kann man es sagen.“
„Aber das ist doch Doping, oder? Das ist doch verboten …“ Fabian war völlig irritiert. Wie konnte ihr Trainer Johanna verbotenes Zeug geben?!
„Thorsten meint, dass alle es machen und es erst einmal sowieso keiner merkt, und wenn man nicht übertreibt, wäre das total harmlos.“
„Meint Thorsten!“ erwiderte Fabian. „Und was meinst du?“ Fabian hoffte nur, dass Johanna nicht selbst an den Schwachsinn glaubte. Es würde so gar nicht zu ihr passen.
Damit hatte Fabian den wunden Punkt berührt. Sie wusste ja eben selbst nicht, was sie davon halten sollte. „Ich weiß nicht …“
„Glaub ich nicht – du hast doch bestimmt eine Meinung zu so einem Zeug!“
Johanna war fast erschreckt, wie gut Fabian sie kannte.
„Du hast Recht. Ich finde diese Pillen zum Kotzen. Das hat für mich nichts mit Sport zu tun!“
Fabian war erleichtert. Für einen Moment hatte er befürchtet, sich gründlich in Johanna getäuscht zu haben.
„Hast du das deinem Trainer gesagt?“
„Nein, aber es würde auch keinen Sinn machen. So wie der über das Zeug geredet hat, war klar, dass er keine

Probleme damit hat. Wahrscheinlich denkt er, dass es doch eh alle nehmen."

„Aber das ist doch das blödeste Argument überhaupt! Wenn alle das Falsche tun, wird es dadurch noch lange nicht richtig. Dein Trainer spinnt völlig. Und außerdem hat das Zeug doch bestimmt total viele Nebenwirkungen, oder etwa nicht?" Fabian hatte sich richtig in Rage geredet. Er hatte eine ungeheure Wut auf diesen Trainer, der Johanna in so eine dumme Sache hineinquatschen wollte.

„Das denke ich auch", gab Johanna zur Antwort.

„Hat dein Trainer denn dazu nichts gesagt?" Fabian wurde immer wütender.

„Nur, dass auch Kopfschmerztabletten Nebenwirkungen hätten – und dass das Ganze halb so schlimm sei."

„Das wollen wir doch mal sehen. Ihr habt doch bestimmt einen Internetanschluss, oder?"

„Klar", bestätigte Johanna.

„Dann lass uns mal eine kleine Recherche anstellen und schauen, ob das Zeug wirklich so harmlos ist, wie dein Trainer meint."

Johanna war richtig froh, dass Fabian die Sache so offensiv anging. Jetzt fühlte sie sich schon viel besser. Voller Tatendrang holte sie ihren Laptop hervor und die beiden gingen online.

16. Kapitel

Im Internet wurden sie sofort fündig. Als sie „Amphetamin und Sport“ eingaben, konnten sie Folgendes lesen:

> *... stimulierende Wirkung. Müdigkeit lässt nach, man geht über die körpereigenen Grenzen.*

Damit waren sie auch ganz schnell bei den Nebenwirkungen:

> *Weil Müdigkeit und Schmerzen unterdrückt werden, nimmt man körpereigene Signale nicht mehr richtig wahr. Die Folge: Man geht weit über die Belastungsgrenzen hinaus, was zu dauerhaften Schäden führen kann – bis hin zum Tod.*
> *Außerdem kann es schnell zu einer Überdosis kommen, die häufig tödlich ist. Erhöhter Blutdruck und beschleunigter Puls und schließlich eine Abhängigkeit gehören ebenfalls zu den Gefahren einer Einnahme von Amphetaminen.*
> *Und dennoch sind sie im Sport weit verbreitet.*

Als Johanna und Fabian sich durch die Flut von Informationen gearbeitet hatten, war ihnen beiden glasklar, dass dieses Teufelszeug verboten werden müsste.
Unter bestimmten Umständen war der Besitz und die

Weitergabe sogar strafbar – auch das fanden sie im Internet.

„Sag mal, dein Trainer spinnt doch komplett!", ereiferte sich Fabian. Johanna mochte Thorsten zwar nicht mit solch krassen Worten verurteilen, aber trotzdem musste sie Fabian Recht geben.

„Das Schlimme daran ist, dass er wahrscheinlich selbst glaubt, dass es harmlos ist. Er würde mir nie etwas geben, das mir schaden könnte", erwiderte Johanna.

„Aber warum hat er dir denn dann die Pillen gegeben? Ich versteh das nicht."

„Er ist halt sehr ehrgeizig und denkt sich nichts dabei." Mehr fiel Johanna dazu auch nicht ein.

„Und jetzt?", fragte Fabian. „Du wirst die Pillen doch nicht nehmen, oder?", fragte er besorgt.

Der sorgenvolle Unterton entging Johanna natürlich nicht. *So hat das Ganze doch etwas Gutes,* dachte sie insgeheim.

„Nein! Natürlich nicht!" Wenn es ihr nicht schon vor der gemeinsamen Internetrecherche klar gewesen wäre – jetzt gab es daran keinen Zweifel mehr. Dieses Zeug war für sie absolut tabu.

„Ich kann gar nicht verstehen, warum überhaupt jemand solche Pillen nimmt. Ich meine, bei den Nebenwirkungen muss man doch verrückt sein, wenn man sich so etwas antut."

Johanna nickte. „Stimmt. Wenn du aber auf so einer richtigen Erfolgswelle schwimmst, dann gibt es für dich nur noch einen Weg und der führt nach oben. Das heißt

Training, Training und noch mal Training. Schmerzen und Müdigkeit werden so lange ignoriert, bis es nicht mehr geht. Hinzu kommt die Angst vor dem Versagen. Also machst du immer weiter, auch wenn es schon lange nicht mehr gesund ist. Das war zum Beispiel mit meinem Knie so, da habe ich auch viel zu lange die Schmerzen nicht beachtet und ich kann mir vorstellen, dass man in solchen Situationen sogar zu irgendwelchen Pillen greift."
Fabian war beeindruckt von Johannas kleinem Vortrag. „Du weißt, wovon du redest, nicht wahr?"
„Darauf kannst du Gift nehmen!" Jetzt musste Johanna lachen. Nach alldem, was sie über die Amphetamin-Pillen herausgefunden hatten, war es schon ein bisschen lustig, jetzt von Gift zu reden – auch, wenn ihr gar nicht zum Lachen zumute war. Viele Fragen gingen ihr durch den Kopf: Wie sollte sie Thorsten gegenübertreten? Sie wollte den ganzen Leistungsdruck nicht mehr. Es war ihr mehr als deutlich geworden, wohin dieser übertriebene Ehrgeiz führen konnte. Das wollte sie alles nicht mehr. Die Ereignisse der letzten Tage hatten sie ins Grübeln gebracht. Sie war immer mit Freude beim Sport, doch diesen Konkurrenzdruck innerhalb der Mannschaft – das wollte sie nicht. Wo blieben Fairness und Sportlichkeit?
„Und jetzt?" Fabian holte sie aus ihren Gedanken.
„Wenn ich das wüsste! Solche Pillen sind für mich tabu, so viel ist klar. Andererseits werde ich nie auf meinen Sport verzichten … ohne will ich einfach nicht."
„Kann ich verstehen …" Fabian wusste, dass das nicht nur so dahergesagt war. Was sollte er Johanna raten?

Sie musste selbst entscheiden, was für sie das Beste war. Es herrschte eine betretene Stimmung. Keiner wusste etwas zu sagen. Das war auch alles nicht so einfach! Johanna drehte sich schon selbst viel zu lange im Kreis. Deswegen fand sie, dass es der richtige Zeitpunkt für ein Time-out war: „Lass uns Eis essen gehen!“ Energisch klappte sie den Laptop zu und sprang auf. Die drückende Stimmung, die wie eine düstergraue Wolke über ihnen gehangen hatte, war wie fortgeblasen. Zum Glück!
„Prima Idee! Aber was wird deine Mutter sagen? Sie denkt doch, dass es dir nicht gutgeht.“
„Kein Problem. Ich leg ihr einfach einen Zettel hin. Sie wird sich freuen, dass ich wieder fit bin … Fabian? Danke!“
Fabian wusste im ersten Moment gar nicht, was er sagen sollte. „Wofür?“
„Dafür, dass du mir zugehört hast und auch dafür, dass du mir nicht sagst, was ich machen soll.“
„Gehört alles zum Service.“ Auf die Schnelle fiel ihm nichts Besseres ein. „Komm, lass uns gehen!“
Johanna schrieb ihrer Mutter noch eine kurze Nachricht und schon waren sie unterwegs. Der Tag hatte so düster angefangen, irgendwann musste auch mal Schluss damit sein – wenigstens für den Moment.

17. Kapitel

Normalerweise hätte sie sich sehr auf das Trainingscamp gefreut. Ein ganzes Wochenende nur Sport – perfekt. Doch sie wusste nicht, wie sie Thorsten gegenübertreten sollte. Die Sache mit den Doping-Pillen ließ ihn in einem ganz anderen Licht erscheinen. Trotzdem wollte sie nicht kneifen. Vielleicht wurde es am Ende doch eine ganz spaßige Sache. Außerdem, wie sollte sie ihren plötzlichen Gesinnungswandel erklären – Sport war doch sonst ihr Leben! Vielleicht half das Wochenende auch, eine Entscheidung zu treffen. Sie beschloss, die Dinge einfach auf sich zukommen zu lassen.

„Bist du so weit?“, rief ihr Vater. Sie hatte den Eindruck, er wäre am liebsten mitgefahren, so aufgeregt war er.

Johanna griff ihre Tasche. „Alles klar, kann losgehen!“

„Pass auf dich auf, ja?“ Typisch, dass ihre Mutter mal wieder total besorgt war.

„Keine Sorge, Mam, mir passiert schon nichts“, beschwichtigte Johanna ihre Mutter.

„Denk an dein Knie!“, musste ihre Mutter Johanna trotzdem noch mit auf den Weg geben.

„Mam, wenn ich die ganze Zeit an mein Knie denke, dann passiert ganz bestimmt was, das weißt du doch.“

„Können wir jetzt?“ Ihr Vater war langsam ziemlich genervt von den Sorgen und Ängsten seiner Frau. „Johanna wird schon aufpassen!“ Dann saßen sie im

Auto. Doof, dass sie ausgerechnet Katharina und Janine noch mitnehmen mussten. Darauf hätte Johanna gut verzichten können. Aber offen mochte sie das nicht sagen. Schließlich spielten sie in der gleichen Mannschaft. Nur gut, dass das Trainingslager nicht weit weg war. Ein Jugendferiendorf mit Turnhalle – mitten im Wald. Laut Navi gerade mal eine halbe Stunde Fahrzeit.

Als sie dann vor den Häuschen standen, waren alle begeistert. Kleine Hütten, die wie Zelte aussahen, verteilten sich auf ein Waldgelände. Mittendrin ein Flachbau, in dem sich die Sporthalle befand. Die Häuser waren einfach, aber sauber; sie hatten vier Einzelzimmer, ein Bad und eine kleine Küche.

„Von Selbstverpflegung war aber nicht die Rede!“, maulte Leona. Sie war neben Katharina und Janine die Vierte in ihrem Häuschen. Von den beiden Zicken schien Johanna nicht loszukommen.

Thorsten stand auf der Türschwelle und hatte Leonas Gemaule mitbekommen. „Richtig, Leona! Wenn du bitte mal schaust … Hinter der Sporthalle befindet sich eine Kantine. Ich habe für euch Vollverpflegung gebucht, damit wir uns voll und ganz auf das Training konzentrieren können.“ Thorsten grinste breit. Er gefiel sich in der Rolle des Chefs, der alles unter Kontrolle hatte.

„Wow, cool! Was gibt es denn heute?“, fragte Leona. „Wenn du willst, können wir das gleich mal rausfinden – außerdem habe ich noch etwas für dich.“ Mit diesen Worten verschwanden Thorsten und Leona Richtung

Kantine. Katharina und Janine tauschten vielsagende Blicke.
„Was hat der denn für Leona?", wollte Katharina wissen. *Typisch,* dachte Johanna. *Wahrscheinlich befürchtet sie, dass Leona in Thorstens Gunst höhersteigen könnte und am Ende sie einen Platz in der Landesauswahl bekommt. Arme Katharina – immer getrieben von irgendetwas.* Andererseits hätte auch Johanna nur zu gern gewusst, was Thorsten jetzt schon wieder hatte.
„Spaghetti Bolognese! Dazu Apfelkompott!", maulte Leona, die von der Kantineninspektion zurückkam.
„Was wollte denn Thorsten von dir?" Klar, dass Katharina wenig Interesse am Speiseplan hatte.
„Ach … nichts Besonderes …" Leona hätte sich eigentlich denken können, dass sie mit einer solchen Aussage die Neugierde von Katharina nur noch steigerte.
„In zehn Minuten sollen wir mit Laufschuhen am Haupteingang sein." Der Themenwechsel war gelungen.
„Was?", riefen Katharina und Janine wie aus einem Munde voller Entsetzen. „Wieso denn das?"
„Na, weil wir vielleicht als Erstes mit einem Lauf- und Ausdauertraining anfangen?", erklärte Leona.
„Dann mal los!" Johanna hatte keine Lust auf weitere Diskussionen. Lauftraining war gar nicht so schlecht.

Erst ging es durch ein Waldgebiet, dann vorbei an Feldern. Schon nach relativ kurzer Zeit waren die meisten der Mädchen aus der Puste. Steigungen und die zunehmende Mittagshitze machten den Lauf anstrengend.

Nach gut einer Stunde erreichten sie wieder das Gelände des Feriendorfes.
„Okay, eine Stunde Pause, dann seid ihr in der Kantine. Nach dem Mittagessen können wir draußen noch etwas Volleyball spielen und dann geht es ab in die Halle. Noch Fragen? – Dann also in einer Stunde!" Thorsten hatte fast etwas Militärisches; er genoss seine Rolle in diesem Trainingscamp sichtlich. Johanna war es eigentlich egal, dennoch fragte sie sich, ob die anderen auch so dachten. Erschöpft ließen sich Katharina und Janine auf das Sofa im Häuschen fallen. Das war Johanna ganz recht so. „Ich geh dann jetzt mal duschen, okay?" Die siamesischen Zwillinge nickten.
„Also ich lauf noch eine kleine Runde." Leonas Ankündigung hatte die erschütternde Wirkung eines Erdbebens.
„Bist du übergeschnappt?", fragte Janine fassungslos.
„Mach mal langsam", versuchte auch Johanna Leonas Energieschub zu dämpfen. „Der Tag ist noch lang!"
„Mir doch egal. Ihr lahmen Enten könnt ja abhängen – ich bin zum Trainieren hier!" Mit diesen Worten machte Leona sich auf zu ihrer zweiten Runde für diesen Tag.
„Wenn sie meint …" Janines Kommentar fiel genauso kraftlos aus, wie sie auf dem Sofa lag. Johanna wusste nicht, was sie davon halten sollte. Die Landesauswahl schien alle verrückt zu machen. Immer mehr verfluchte sie dieses dämliche Auswahlspiel. Sie fragte sich, was Fabian wohl gerade machte und beschloss, ihm eine Nachricht zu schicken.

18. Kapitel

Immer wieder gingen Fabian die Informationen der Doping-Recherche durch den Kopf. Unglaublich, dass jemand wie Thorsten in seiner Position als Trainer so etwas gut finden konnte. Auf der anderen Seite gab es wahrscheinlich viel zu viele leichtgläubige Sportler, die sich die ganze Sache einfach nur schönredeten und von den Risiken nichts wissen wollten.
Fabian fuhr seinen Laptop hoch. Er brauchte noch mehr Informationen. Vielleicht ließ sich ja auch ein Artikel für die **Droste-News** daraus machen. Wäre doch nicht schlecht, wenn ihre Zeitung auch „brisante" Themen präsentierte – Dinge, über die man dann diskutieren konnte. Ein bisschen mehr Bewusstsein für Doping – aber auch ganz allgemein Drogen, Alkohol und so weiter – würde bestimmt nicht schaden. Fragte sich nur, was Oliver davon halten würde. Aber damit wollte er sich jetzt nicht beschäftigen. Gerade klingelte es an der Tür, er war allein und öffnete deswegen. *Martin!*
„Hey, was treibt dich zu mir?"
Martin war wirklich ein super Typ. Jemand, der sagte, was er dachte. Früher hatte Fabian wenig mit ihm zu tun. Seit sie zusammen an diesem Zeitungsprojekt arbeiteten, war das anders.
„Ich hatte nichts zu tun und dachte, wir könnten vielleicht was zusammen machen?", gab Martin zur Antwort.

Fabian fühlte sich geehrt. „Super Idee … das heißt …“ – Fabian fiel ein, dass er doch eigentlich an einem Artikel arbeiten wollte.
„Ja?“, fragte Martin.
„Hast du vielleicht Lust, mit mir an einem Artikel für die nächste **Droste-News** zu arbeiten?“ Warum sollte er Martin nicht mit einbeziehen?
„Klar, warum nicht … Woran denkst du denn?“
„Komm rein, dann erkläre ich es dir.“
Martin folgte Fabian in dessen Zimmer.
„Ich hatte an einen Artikel über Doping gedacht. Ich habe schon einmal etwas darüber gelesen. Weißt du, wenn wir in unserer Zeitung nur über Kinderkram berichten, dann dauert es nicht lange, bis sie keiner mehr kauft. Eine gute Zeitung lebt von ernsten Themen.“ Als Fabian sich selbst so reden hörte, befürchtete er schon, dass er sich so altklug wie Oliver anhören könnte. Aber Martin schien das nicht krummzunehmen. Im Gegenteil. Er war sehr interessiert.
„Wie kommst du denn ausgerechnet auf so ein Thema?“, wollte er wissen.
Fabian überlegte einen Moment. Nein. Er wollte ihm nicht erzählen, warum er sich für das Thema interessierte. Zumindest noch nicht. Außerdem konnte er schwer sagen, wie Johanna darüber denken würde. Schließlich war es ihr Trainer und sie würde es bestimmt nicht gut finden, dass er solche Informationen preisgab.
„Ach, weißt du, ich interessiere mich halt sehr für Sport – na ja und im Radsport hört man ja immer wieder

mal davon oder auch bei den Olympischen Spielen fällt immer mal ein Sportler durch positive Dopingkontrollen auf. Aber ich glaube, es ist weiter verbreitet, als wir annehmen – wahrscheinlich nicht nur im Sport. Ich möchte nicht wissen, wie viele Kinder schon für die Schule gedopt werden. Leistung, Leistung und noch mal Leistung. Das scheint das Einzige zu sein, was zählt."

Als er mit seinem kleinen Vortrag fertig war, nickte Martin zustimmend. „Hört sich logisch an. Wie sollen wir anfangen?"

„Ich habe schon einmal im Internet recherchiert. Ich weiß ein bisschen über Nebenwirkungen – allerdings wenig über die Verbreitung. Kommt es nur bei den Profis vor oder auch im Amateursport? Das wäre z. B. eine Frage, der ich gerne nachgehen würde."

„Warum", begann Martin, „denn im Amateursport? Ich meine, da geht es doch nicht um so viel Geld wie bei den Profis."

„Sollte man glauben ... Aber es liegt wohl nicht nur am Geld. Wir schauen einfach mal, was sich finden lässt." Fabian zog den Laptop heran. „Ich geb mal Doping ein. Mal sehen, was dabei herauskommt", sagte er zu Martin.

„Versuch es mit ‚Doping im Amateursport'", schlug Martin vor.

Bingo! Jetzt mussten sie allerdings noch schauen, was solide Quellen waren und welche Seiten man von vornherein vergessen konnte. Nach einer guten Stunde hatten sie einen Stichwortzettel voll und einen längeren Bericht ausgedruckt.

„Wahnsinn!“, rief Martin aus. „Ich meine, man hört ja immer mal wieder von Doping, aber dass das so verbreitet ist, hätte ich dann doch nicht gedacht. Glaubst du, dass auch Leute, die wir kennen, zu Dopingmitteln greifen?“
Auf diese Frage wollte Fabian lieber nicht antworten. Zumindest wich er einer direkten Antwort aus. „Vorstellen kann ich mir das schon. Auf jeden Fall sollten wir einen Artikel schreiben. Allein schon um aufzuklären.“
Martin nickte. „Damit bekommt unsere Zeitung eine ganz neue Richtung. Wenn wir mit jeder Ausgabe ein heißes Eisen anpacken, dann heben wir uns von den üblichen Blabla-Blättchen ab.“ Martin war Feuer und Flamme.
„Bleibt nur ein Problem“, dämpfte Fabian Martins Tatendrang. „Wir müssen Oliver davon überzeugen. Er betrachtet die **Droste-News** als seine Zeitung.“
„Ich glaube, das wird kein Problem. Oliver möchte möglichst viele Zeitungen verkaufen. Der wird sich leicht überzeugen lassen. Vielleicht sollten wir den Artikel erst einmal schreiben.“

Eine gute Stunde später hatten sie ihre Notizen zu einem fertigen Artikel verarbeitet. Das Ergebnis konnte sich sehen lassen:

Doping im Freizeitsport?

Sport tut gut und in der Gemeinschaft macht es noch mehr Spaß. Sich mit anderen zu messen, ist Ziel von Wettkämpfen und Teil jeder Sportart. Dies ist sogar gesund und erhält die Leistungsfähigkeit des Körpers. Deswegen stellt sich die Frage, warum man die gute Wirkung des Sports durch krank machende Medikamente zerstört? Warum greifen manche Jugendliche und Erwachsene zu Dopingmitteln? Viele unterschätzen die schädigende Wirkung – oder wollen davon nichts wissen. Für sie zählt nur das Ziel: zu gewinnen. Dafür sind sie bereit, jeden Preis zu zahlen.

Trotzdem ist es ein Fehler, zu leistungssteigernden Mitteln zu greifen, denn wer einmal damit anfängt, bleibt oft dabei. Ein Weg, der in die Abhängigkeit führen kann. Aber auch, wenn man nur einmal zu den Pillen greift, lauert Gefahr: Die körperlichen Fähigkeiten werden überschätzt, Signale des Körpers nicht mehr wahrgenommen. Dies kann bis zum Zusammenbruch/Tod führen. Mal ehrlich, ein Sieg, der so „erkauft" wurde, schmeckt doch bitter, oder? Also: Finger weg von allem, was euch krank macht. Bleibt fair und zeigt so, was ihr drauf habt. Fair ist nicht schwer!

„Jetzt wird es Zeit für eine extra Redaktionssitzung des Zeitungsteams. Ich rufe Oliver an. Vielleicht hat er ja Zeit." Martin war nicht zu bremsen. Fabian war froh, dass er einen Mitstreiter gefunden hatte. Allein hätte er das wahrscheinlich nie zu Ende gebracht.
Auch Oliver war interessiert und versprach, Jan zu informieren. Kurz darauf waren alle unterwegs zu Oliver.

Jans Rad stand schon vor der Tür. Offensichtlich hatte er an diesem Samstag auch nichts Besseres vor. Fabian hatte sich den Ausdruck des Artikels und alle übrigen Infor-

mationen in die Tasche gestopft. Er holte alles heraus und reichte den Artikel Oliver. Jan las über dessen Schulter mit. Voll Spannung erwarteten sie ein Urteil.
„Sauber!“, verkündete Oliver anerkennend. „Genau das, was unserer Zeitung gefehlt hat. So können wir Gesprächsthema in der Schule werden.“
Fabian und Martin freuten sich über die Anerkennung.
„Wir könnten mit jeder Ausgabe ein anderes brisantes Thema anschneiden“, ergänzte Jan.
„Internetsucht wäre zum Beispiel nicht schlecht, was?“, ärgerte Martin Jan.
„Wenn du glaubst, dass ich süchtig bin, dann irrst du“, konterte Jan. „Da gibt es ganz andere Freaks. Die stehen auch mitten in der Nacht auf, um zu zocken. Oder zocken mal locker zwölf Stunden oder mehr durch. Dagegen bin ich harmlos!“
„Trotzdem – das wird genau dein Thema für die übernächste Ausgabe der **Droste-News**!“, sagte Oliver.
„Null Problemo – da kenn ich mich aus.“
„Welche Themen eignen sich noch?“, fragte Martin.
„Sollen wir die Themen vorher ankündigen oder das Ganze offenhalten?“, schoss Oliver gleich hinterher.
So ging es weiter. Die gemeinsame Arbeit hatte sie mittlerweile zusammengeschweißt und Oliver kehrte auch nicht mehr den Chef heraus.
Plötzlich erreichte Fabian eine Nachricht von Johanna:
Hallo! Wie geht's? Hier ist es gar nicht so schlecht! (Bis auf die Zicken) Leona ist auch komisch. Dazu später mehr. Ciao, Jo

19. Kapitel

Hi Jo, cool, dass es dir gefällt. Die Zicken sind also wie immer :) Was ist mit Leona? Das Droste-Team hat heute gearbeitet. Dazu auch später. CU Fabian

Kaum hatte sie ihre Nachricht versandt, da war auch schon Fabians Antwort da. Soso, das Droste-Team hatte gearbeitet. Fabian nahm die Schülerzeitung sehr ernst. Die Zeitung gefiel ihr – nur Oliver konnte sie nicht leiden. Seit dem verfälschten Artikel sogar noch weniger! Ein elender Angeber war er schon immer, aber das war richtig gemein gewesen.
Nadine und Laura standen plötzlich in der Tür und rissen sie aus ihren Gedanken. „Ihr sollt zum Essen kommen. Ein voller Bauch trainiert nicht gern – hat Thorsten gesagt. Deswegen hat er jetzt das Mittagessen geordert“, verkündete Laura.
„Danach noch ein Waldspaziergang und dann endlich Halle!“, ergänzte Nadine.
Katharina und Janine hatten es sich gerade richtig bequem gemacht, sodass ihnen das Aufstehen sichtbar schwer fiel.
„Wo ist Leona?“, fragte Nadine.
„Noch ’ne Runde laufen“, erklärte Johanna.
„Was?“ Nadine war entsetzt. „Ist die total irre?“
„War nicht davon abzubringen“, Katharina zuckte mit

den Schultern. Von ihr aus hätte Leona auch bis nach Hause und zurück laufen können.
„Na ja, muss ja jeder selbst wissen … Kommt ihr?“, fragte Laura.
„Geht schon mal, wir kommen gleich“, gab Janine zur Antwort.
„Ich komme mit“, beeilte Johanna sich zu sagen. Sie musste die Zicken nicht länger ertragen als unbedingt notwendig.
„Sag mal, hat es Zoff gegeben?“, wollte Laura von Johanna wissen.
„Nein, wieso?“, fragte Johanna.
„Na, weil Leona noch mal weg ist. Ich meine, nach dem Lauf waren wir doch wohl alle total k. o. Da fragt man sich doch, warum Leona sich gleich wieder auf die Socken macht.“
Johanna nickte zustimmend. Laura hatte Recht. Nur Streit hatte es wirklich keinen gegeben. „Ich hab keine Ahnung. Vielleicht musste sie mal den Kopf freikriegen? Was weiß ich?“
In der Kantine war schon reger Betrieb. Teller klapperten, Wagen mit dampfenden Töpfen und Schüsseln wurden hereingefahren – die Stimmung erinnerte sehr an Jugendherberge und Johanna fühlte sich richtig wohl. Die Gemeinschaft bedeutete ihr viel – das war es, was sie am Verein immer besonders gemocht hatte und sie war froh, dass die Ereignisse der letzten Tage ihr den Spaß nicht verdorben hatten. Wie hatte sie nur überlegen können, ob sie überhaupt mitfahren sollte? Sie setzte sich

zu Laura und Nadine – mit denen kam sie sowieso viel besser aus. Die Zicken kamen spät, aber sie kamen. Leona hingegen tauchte während des Mittagessens nicht auf. Erst als die Teller schon wieder abgeräumt wurden, stürmte sie völlig außer Atem in die Kantine.
„Habt ihr mir etwas übriggelassen?“, fragte sie keuchend.
„Du bist vielleicht lustig!“, meckerte Katharina.
„Man kann auch wirklich mit allem übertreiben!“, schloss Janine sich an.
„Hier!“ Johanna reichte ihr einen Teller. „Geh damit mal in die Küche. Die haben bestimmt noch etwas für dich. Beeil dich aber. In fünfzehn Minuten gibt es nämlich noch einen Verdauungsspaziergang und dann geht es in die Halle.“
„Danke“, kam es immer noch gehetzt von Leona. Sie war wahrscheinlich von ihrer zweiten Runde direkt zum Essen gekommen. Wahnsinn. Johanna mochte den Zicken ungern Recht geben, aber in dem Punkt irrten sie nicht: Man kann wirklich alles übertreiben.
Während die übrigen Mädchen sich vor dem Feriendorf einfanden, schlang Leona noch in Windeseile ein paar Spaghetti mit kalter Bolognese-Soße herunter. Trotzdem: Sie fühlte sich gut und wusste gar nicht, warum die anderen sich so anstellten. Neid?! Die würden schon sehen. Wenn es um die Landesliga ging, dann war von ihr nie die Rede. Dabei hatte sie sich so angestrengt und ihre Kameradinnen wahrscheinlich bald schon überholt. Wie gut, dass es zumindest Thorsten aufgefallen zu sein schien …

„Danke!“ Leona gab in der Küche den Teller ab und beeilte sich, zu den anderen Mädchen zu kommen.
„Na, dann sind wir ja jetzt komplett! Nicht, dass dein Bauch nun so voll ist, dass du nicht mehr laufen kannst!“, scherzte Thorsten.
„Alles in Ordnung“, beeilte sich Leona zu sagen.
„Also gut, wir joggen jetzt noch eine leichte Runde durch den Wald, dann geht es ab in die Halle. Erst ein paar Übungen, dann ein Trainingsspiel.“ Und los ging es. Leona gesellte sich zu Johanna. Obwohl Johanna wahrscheinlich ihre größte Konkurrentin war, mochte sie sie ganz gern. Sie war nie biestig wie Katharina und Janine. Dabei hatte sie es voll drauf, ein echtes Naturtalent – in letzter Zeit allerdings etwas eingeschränkt durch ihr Knie.
„Was macht eigentlich dein Knie?“, wollte sie von Johanna wissen.
„Geht schon“, gab Johanna zur Antwort. „Es ist mehr die Angst, dass etwas passieren könnte, weißt du. Ich muss halt aufpassen und das ist eine ganz schlechte Voraussetzung. Wenn sich das einmal im Kopf festgesetzt hat, dann bist du nicht mehr frei. Angst ist nie ein guter Begleiter.“
Obwohl Leona keine körperlichen Beschwerden hatte, konnte sie Johanna gut verstehen. Bei ihr war es die Angst zu versagen, die sie nicht frei sein ließ. Nicht mithalten können, nicht die Beste zu sein, dass einen vorzeitig die Kräfte verließen, das waren die Geister, die sie plagten. Bisher war sie dagegen machtlos gewesen – bisher …

Johanna hatte einen Blick auf das Mädchen geworfen, das so still neben ihr herlief. Was war mit Leona los? Still und unauffällig – das wäre ihr zu Leona eingefallen, wenn sie jemand gefragt hätte. Die Leona, die sich hier im Trainingscamp zeigte, kannte sie bisher nicht. Ob Thorsten damit etwas zu tun hatte? Eine üble Vorstellung schob sich vor ihre Gedanken, die sie aber genauso schnell wieder verscheuchte. Den Rest der Runde liefen die beiden Mädchen schweigend nebeneinander her. Auf den letzten Metern gab Leona noch einmal richtig Gas, setzte sich an die Spitze der Gruppe, wo Thorsten lief. Johanna konnte und wollte nicht mithalten. Dafür beobachtete sie die Zicken und sie hätte wetten können, dass sie sich gerade die Mäuler zerrissen. Sie gönnten Leona ihre neue Rolle nicht, soviel war klar. Dann waren sie auch schon bei der Halle angekommen.

„Also Mädels, warm und gedehnt seid ihr jetzt. Umziehen und dann machen wir ein kleines Trainingsspiel. Mal sehen, woran wir dann noch gezielt arbeiten müssen."

„Der gönnt uns aber auch kein bisschen Pause!", beschwerte sich Nadine.

„Wollt ihr trainieren oder ein Kaffeekränzchen halten?" Mehr sagte Thorsten nicht dazu. Er verschwand Richtung Trainerkabine. Die Mädchen sahen sich erstaunt an, aber keine sagte etwas. Das Feriendorf verströmte eine Freizeit- und Urlaubslaune. Thorsten hingegen legte ein Tempo vor, das keinen Zweifel daran ließ, weswegen sie hier waren: hartes Training. Keine Viertelstunde später waren alle in der Halle versammelt. Thorsten teilte zwei Mannschaften ein, verteilte Leibchen und pfiff das Spiel an. Dabei ging es so hoch her, als würden sie gerade im Endspiel einer großen Meisterschaft stehen. Verbissen kämpften sie um jeden Ball. Hohes Tempo, schnelle Spielzüge und viele Tore auf beiden Seiten. Von Kaffeekränzchen konnte wirklich nicht die Rede sein. Dann ein gellender Pfiff! Die Mädchen schauten verwundert zu Thorsten. Der lief auf Leona zu, die sich krümmte und den Bauch hielt. „Was ist los?“, wollte er wissen.

„Weiß nicht“, brachte Leona gepresst hervor. „Mir ist schlecht und eben schwarz vor Augen, ein bisschen schwindelig … weiß nicht …“

„Wer ist mit Leona im Haus?“, fragte Thorsten.

„Ich!“, meldete Johanna sich. Es war sofort ersichtlich, dass es Thorsten nicht passte, jetzt ausgerechnet auf Johanna verzichten zu müssen. Johanna allerdings ließ keinen Zweifel daran, dass sie vorhatte, sich um Leona zu kümmern. Außerdem drängten sich die Zicken auch nicht gerade darum. Auch Leona schien ganz dankbar dafür zu sein. Langsam verließen die beiden Mädchen die Halle. In der Umkleidekabine ging es Leona dann schon etwas besser. „Weiß auch nicht, was da gerade los war … eigentlich könnte ich auch weiterspielen.“

„Nichts da“, widersprach Johanna energisch. „Ich glaube, für heute hast du sowieso schon etwas übertrieben, findest du nicht?“

„Weiß nicht … eigentlich fühle ich mich super …“, gab Leona zaghaft zur Antwort. „Vielleicht habe ich nur etwas wenig gegessen.“

„Kann schon sein … Warum musstest du auch unbedingt noch eine Extrarunde laufen?"
„Weil ich verdammt noch mal auch einmal zu den Besten gehören wollte. Ich werde doch ständig übersehen. Als es um die Landesauswahl ging, hat da irgendjemand von mir gesprochen? Oder bei Meisterschaftsspielen? Wer sitzt da immer am Längsten auf der Ersatzbank? Ich!" Leona kämpfte mit den Tränen. „Ja, mitspielen darf ich, aber bloß keine Ansprüche anmelden."
Johanna hatte still zugehört. Im Grunde hatte Leona Recht. Viel Beachtung hatte sie ihr bisher nicht geschenkt. Sie war immer da und spielte ordentlich mit – das war es dann auch schon. Nie hätte Johanna gedacht, dass sie das stören könnte. Auf der anderen Seite: Was wusste sie schon von Leona? Der Druck, erfolgreich zu sein, zeigte mittlerweile ein sehr hässliches Gesicht – und das gefiel Johanna immer weniger. Natürlich wollte sie auch gewinnen. Wer wollte das nicht? Die Mannschaft durfte dabei aber nicht auf der Strecke bleiben. Das war ihr inzwischen klar geworden. Sie überlegte, wie sie Leona aufmuntern könnte. „Weißt du was? Wir gehen jetzt erst mal in die Küche und schauen, was wir Gutes ergattern können. Ich glaube, für den Nachmittag soll es Kuchen geben. Lass die anderen sich abrackern, wir lassen es uns jetzt einfach gutgehen. Okay?"
Leona nickte. Die beiden Mädchen zogen sich um und verließen die Halle.
In der Küche konnten die Mädchen tatsächlich schon Kuchen und Tee bekommen. Man schien es gut mit

ihnen zu meinen, denn jedes Mädchen bekam gleich zwei Stücke auf den Teller. Vielleicht lag es auch daran, dass Leona so erbärmlich ausgesehen hatte. Dann begann sie zu erzählen. „Weißt du, alles hat sich so logisch angehört. Thorsten meinte, ich sei eigentlich richtig gut – mir würde es nur an Ausdauer für ein ganzes Spiel fehlen. Deswegen bekäme ich auch immer nur kurze Einsätze. Mit etwas Unterstützung könnte ich mehr Leistung aus mir herausholen."

Johanna kam ein übler Verdacht. Hatte Thorsten auch Leona seine komischen Pillen angeboten? Sie musste sich beherrschen, um Leona nicht zu unterbrechen.

„Na ja", fuhr diese fort, „und dann hat er mir solche Pillen angeboten. Er hatte gesagt, dass sie völlig harmlos seien und mir enorme Power geben würden. Einerseits wusste ich nicht, was ich davon halten sollte, aber andererseits fühlte ich mich natürlich geehrt, dass er gerade mich ausgewählt hatte. Ich habe eine Chance für mich gesehen. Hätte er mir sonst diese Pillen angeboten?"

Wenn du wüsstest, dachte Johanna und fragte sich gleichzeitig, wem er wohl noch alles diese Wunderpillen angeboten hatte. Wortlos holte Leona einen silbernen Medikamentenstreifen aus ihrer Tasche und legte ihn vor sich auf den Tisch. Eine unbändige Wut stieg in Johanna auf. Thorstens unbedingter Wille, nur die Besten zu trainieren und immer gewinnen zu müssen, ging mittlerweile auf Kosten der Mädchen.

„Ich fühlte mich auch gleich besser; hab dann wohl ein bisschen übertrieben und die Wirkung unterschätzt", fuhr Leona fort. „Nimm du das Zeug bitte an dich. Ich will davon nichts mehr haben. Vielleicht war das ja auch alles nur Einbildung, aber ich dachte, es geht mehr als sonst. Ich wollte es mir, Thorsten und allen anderen einfach beweisen. Deswegen bin ich auch noch eine Runde gelaufen. Meine Leistungsfähigkeit steigern und dann auch mal zu den ‚Stars' gehören!"

Johanna zuckte innerlich zusammen. Da war es wieder, dieses blöde Wort! Stars. Sie konnte es nicht mehr hören. Als ob sich alles nur darum drehte, wer die meisten Tore macht. Sie waren eine Mannschaft, ein Team – das sollte doch zählen, oder? Was war bloß los? Stumm hörte sie Leona weiter zu.

„Doch statt fit zu sein, drehte sich mir eben alles im Kopf. Dann ging gar nichts mehr. Den Rest kennst du ja."

Johanna nickte. Sie fühlte sich wie erschlagen. Was sollte sie sagen? Leona tat ihr leid. Sie war Opfer von Thorstens Ehrgeiz geworden. Auf Thorsten war sie einfach nur wütend. Ihre Gefühle fuhren Achterbahn, aber sie musste sich zusammenreißen. Die Frage war, wie es jetzt weitergehen sollte. Auf das Trainingslager hatte sie keine Lust mehr und Leona sah auch nicht so aus, als würde ihr das Ganze noch viel Spaß bereiten. „Wie geht es dir denn jetzt?", fragte sie vorsichtig.

„Besser", kam eine zaghafte Antwort. „Ich glaube, der Schwindelanfall kam wirklich davon, dass ich einfach übertrieben habe. Jetzt bin ich nur noch müde und möchte eigentlich schlafen."

„Willst du nach Hause?", fragte Johanna.

Leona nickte kaum merklich. „Aber ich möchte nicht, dass meine Eltern etwas erfahren. Außerdem können sie mich nicht abholen. Ich bleibe wohl besser hier." Leona schaute aus dem Fenster. Ihr Blick ging allerdings ins Leere.
„Nichts da", sagte Johanna energisch. „Ich habe auch keine Lust mehr auf dieses Trainingscamp. Mein Vater kann uns abholen."
Verwundert schaute Leona Johanna an. „Ich will dir aber nicht das Wochenende vermiesen. Ehrlich nicht. Ich meine, ich kann mich auch hier etwas ausruhen ..."
Johanna spürte, dass Leona lieber zu Hause wäre und von vermiesen konnte nicht die Rede sein. Ihr war der Spaß gänzlich vergangen und die Aussicht auf einen ganzen Abend mit den Zicken erschien ihr auch nicht gerade rosig. „Für mich ist das kein Problem. Wenn du also willst, lass ich uns abholen."
Leona nickte schwach.
Johanna griff daraufhin zum Handy und rief ihre Eltern an. Ihr Vater schien zwar nicht ganz zu verstehen, warum sie jetzt schon nach Hause wollte, willigte aber sofort ein. Ihre Mutter erkundigte sich natürlich sofort nach ihrem Knie und ließ sich nicht wirklich davon überzeugen, dass mit Johanna alles in Ordnung war. Andererseits war ihr das auch ganz recht, denn welchen anderen Grund sollte sie ihren Eltern nennen. Sollten sie ruhig glauben, dass sie „gesundheitliche" Probleme hatte. Die Wahrheit konnte sie ihnen ja schlecht erzählen.

Als sie mit dem Telefonat fertig war, schrieb sie Fabian noch schnell eine Nachricht:
Hallo, Fabian, komme früher nach Hause. Warum erzähle ich dir später. Bitte kein Wort an Oliver – man weiß ja nie. Ciao. Jo

Mittlerweile waren auch die anderen in der Kantine eingetroffen. Eine gute Gelegenheit, um Thorsten ihre Entscheidung mitzuteilen.
„Wenn du meinst … Du musst tun, was du für richtig hältst", antwortete er kühl.
Wenn Johanna einen Moment an ihrer Entscheidung gezweifelt hatte – spätestens jetzt wusste sie, dass es das Richtige war. Wortlos verließen die beiden Mädchen die Kantine und gingen ihre Sachen packen. Kein Wort des Bedauerns. Keine Frage, wie es Leona geht. Hatte sie sich so sehr in Thorsten geirrt? Die anderen Mädchen hatten nur stumm dabeigestanden. Selbst die Zicken hatten sich jeden dummen Kommentar verkniffen. Auch sie hatten wohl den Ernst der Lage erkannt. Eine gute Stunde später waren Johanna und Leona auf dem Heimweg.

20. Kapitel

Als Fabian Johannas Nachricht bekam, wartete Martin auf ihn. Schnell warf Fabian noch einen Blick auf sein Handy, doch die Nachricht war mehr als rätselhaft gewesen. Warum sollte er Oliver nichts sagen? Was überhaupt? Martin grinste über das ganze Gesicht. „Lass mich raten. Johanna?"

Fabian war baff. War es so offensichtlich, dass er Johanna … mochte? Was sollte er jetzt sagen? Johanna hatte ihn gebeten, Oliver nichts zu erzählen. Galt das auch für Martin? Er überlegte einen Moment und kam zu dem Schluss, dass es wohl nicht schaden könnte, Martin einzuweihen. Zum einen hatte er das dringende Bedürfnis mit jemandem über die Angelegenheit zu sprechen, zum anderen hatte er das Gefühl, Martin vertrauen zu können. Er würde sicherlich nichts ausplaudern oder gar in die **Droste-News** bringen. Fabian nickte und steckte das Handy in die Tasche.

„Hast du Zeit? Oder bist du verabredet?" Martin grinste immer noch.

„Nee, ich mein: Ja, ich hab Zeit und nee, ich bin nicht verabredet – Johanna ist doch in diesem Trainingscamp." Kaum hatte er das ausgesprochen, hätte er sich selbst treten können. Was sollte dieser doofe Nachsatz?! Selbst wenn Johanna nicht in diesem Trainingscamp wäre – eine richtige Verabredung hatte er mit ihr bisher noch nicht gehabt. Sie waren ja auch nicht zusammen oder so etwas. Also was sollte dieser Quatsch? Am besten sagte er jetzt gar nichts mehr dazu.

„Hast du Lust, ein paar Bälle zu werfen?“, fragte Martin.

„Klar, gute Idee. Hast du einen Ball?“, erwiderte Fabian.

„Ja – ich dachte, wir fahren zur Schule. Da finden wir am ehesten einen freien Korb.“

Fabian gefiel die Idee und kurz darauf fuhren sie Richtung Schule. Der Schulhof war wie leergefegt. Normalerweise schaute ja jeder, dass er von dort so schnell wie möglich wegkam. Am Wochenende oder nachmittags war das etwas anderes. Kein Gong, keine Lehrer, keine nervtötenden Zwerge. Dafür Basketballkörbe, Tischtennisplatten und jede Menge Sitzgelegenheiten. Fabian fragte sich, warum er bisher noch nie dort gewesen war – also nachmittags. Eine ganze Weile spielten sie, warfen abwechselnd auf den Korb oder versuchten, sich gegenseitig den Ball abzujagen.

Als sie sich genug ausgepowert hatten, setzten sie sich in eins von den gemütlichen Rondellen, die auch in den Pausen zu ihren Lieblingsplätzen gehörten. Fabian war Martin immer noch eine Antwort schuldig. „Das eben war tatsächlich Johanna“, begann er umständlich. Martin verstand nicht gleich. „Die Nachricht“, ergänzte Fabian.

„Ah, und wie ist es so in diesem Trainingscamp?“, wollte Martin wissen.

„Keine Ahnung … Das war irgendwie eine ganz komische Nachricht …“, erwiderte Fabian.

Martin war neugierig: „Wieso denn das?“

„Also zum einen kommt sie früher nach Hause als geplant – warum weiß ich nicht. Zum anderen soll ich Oliver nichts erzählen."
„Was sollst du nicht erzählen? Dass sie früher nach Hause kommt?", erkundigte sich Martin.
„Mehr stand nicht in der Nachricht – wie gesagt, auch für mich völlig unverständlich."
„Ich kann mir vielleicht doch einen Reim drauf machen", sagte Martin.
Jetzt war Fabian neugierig: „Echt? Erzähl!", forderte er ihn auf.
„Ist schon eine Weile her, da war Oliver in Johanna … na ja, sagen wir mal so: Er hatte großes Interesse. Tauchte nach dem Training immer vor der Halle auf und so. Johanna hatte natürlich kein Auge dafür. Sie hatte damals gerade den Verein gewechselt und war schwer im Kommen. Johannas Trainer hatte Oliver wohl auch bemerkt, wie der immer mit dem Rad vor der Halle stand und so. Irgendwann hat er ihn dann mal mächtig angemacht: Ob er nichts Besseres zu tun hätte, er würde ‚seine' Mädels nur vom Training abhalten. Er solle sich gefälligst eine andere Beschäftigung suchen und so weiter."
„Hat Oliver das erzählt?", unterbrach Fabian seinen Freund.
„Wo denkst du hin? Das war ihm überpeinlich. Kein Sterbenswörtchen hat der davon erzählt. Und du sprichst ihn auch besser nicht darauf an. Ist sein wunder Punkt. Nein, da waren natürlich genügend von den Spielerinnen dabei und wie das so ist: Die erzählen es ihren Freundinnen

und Freunden und so weiter und am Ende hat so etwas die Runde gemacht. Deswegen hat Oliver noch heute eine Stinkwut auf Johanna und diesen Trainer. Darum hat er auch deinen Artikel so ein kleines bisschen verändert. Kam ihm natürlich äußerst gelegen."

Fabian hatte schon mitbekommen, dass Oliver noch eine persönliche Rechnung offen hatte. Was er nicht wusste, war, dass auch Johannas Trainer damit etwas zu tun hatte.

„Kennst du Johannas Trainer?", wollte Fabian wissen.

„Du meinst diesen Thorsten? Nicht wirklich. Ich spiele Basketball und wir haben mit den Handballern nicht so viel zu tun. Aber man erzählt sich unterschiedliche Dinge über ihn. Der Typ ist megaehrgeizig. Musste verletzungsbedingt wohl seine eigene Karriere aufgeben – wobei es heißt, dass er wirklich alles versucht hat."

„Wie meinst du das?", fragte Fabian nach.

„Na ja, ich weiß nichts Genaues, aber man sagt, er habe jedes nur erdenkliche ‚Medikament' ausprobiert, um weiter aktiv Sport treiben zu können", erklärte Martin.

Das machte Sinn, dazu passten die Pillen, die er Johanna angeboten hatte. Außerdem hatte Martin das Wort Medikament so komisch betont, dass Fabian sich sicher war, dass damit auch so etwas wie Doping gemeint war.

„Der Michael, der ist voll okay", fuhr Martin fort. „Bei dem hast du den Eindruck, der hat auch noch Spaß am Sport. Nicht alles so ernst, weißt du. Aber Thorsten ist schon ein anderes Kaliber. Mir kann es ja egal sein … Aber, geht da was zwischen dir und Johanna?", wechselte Martin das Thema.

Was sollte Fabian darauf antworten? Er wusste es ja nicht einmal selbst. „Ich mag sie … ansonsten mach ich mir keinen Stress. Wird sich schon zeigen, was geht …“
Martin nickte. „Ist wahrscheinlich auch besser so.“ Fabian war froh, dieses Thema ruhen zu lassen. Vielmehr war er an Martins Meinung über Oliver interessiert.
„Wie denkst du denn über Oliver?“
„Oliver …?“ Martin dachte nach. „Das ist gar nicht so einfach. Wenn man ihn besser kennt, ist er schon ganz in Ordnung. Dann spielt er sich nicht immer so auf. Viele halten ihn für völlig überdreht. Oliver will immer der Größte sein. Das nervt manchmal, aber – wie gesagt – wenn man ihn besser kennt, dann ist er eigentlich voll normal, dann spielt er sich nicht auf oder so. Ich hab auch keine Ahnung, warum er das immer macht.“
Fabian verstand, was Martin meinte. Auch er hatte sich früher eher von Oliver ferngehalten. Aber das Zeitungsprojekt war eine coole Sache und das musste man Oliver immerhin lassen: Es war seine Idee und er hatte sich voll reingehangen. Manchmal vielleicht ein bisschen zu viel. Natürlich ärgerte Fabian sich immer noch über den Artikel, aber er wollte nicht nachtragend sein.
„Hast du eine Idee, warum Johanna einen Tag eher von diesem Trainingscamp nach Hause kommt?“, wechselte Martin noch einmal das Thema. „Hat es bei den Mädchen Zickenkrieg gegeben? Wäre gut vorstellbar“, mutmaßte Martin.
Fabian war sich zwar nicht sicher, aber er glaubte eher, dass da etwas anders im Busch war. „Ich weiß nicht, aber

Zickenkrieg herrscht da immer, das wäre nichts Neues."
Jetzt war eine gute Gelegenheit, von den Pillen zu sprechen, zumal Martin ja schon selbst so etwas angedeutet hatte. „Was ich dir jetzt sage, darfst du auf keinen Fall weitererzählen …", begann Fabian.
„Scheint spannend zu werden", erwiderte Martin.
„Wie man es nimmt", fuhr Fabian fort. „Thorsten hat Johanna so Pillen zur ‚Leistungssteigerung' gegeben. Du kannst es auch Doping nennen – alles zur ‚Vorbereitung' auf das große Auswahlspiel. Vielleicht hat er diese Pillen ja noch mal angepriesen und es gab Krach deswegen … Ist allerdings nur so eine Vermutung …", endete Fabian.
Martin pfiff durch die Zähne. „Das wäre dann ja mal 'ne echte Sensation!"
„Bloß nicht!", unterbrach ihn Fabian. „Wenn herauskommt, dass ich was erzählt habe, kann ich einpacken."
„Mach dir mal keine Sorgen. Von mir erfährt niemand was und wenn an der Sache etwas dran ist, spricht es sich so oder so herum. So etwas bleibt nicht lange verborgen."
Martin hatte Recht und vielleicht irrte Fabian sich ja auch. Er würde schon warten müssen, bis Johanna ihm erzählte, was los gewesen war.
Die Jungs warfen noch ein paar Bälle und fuhren dann nach Hause. Fabian schaute noch schnell auf sein Handy. Vielleicht war ja eine weitere Nachricht von Johanna gekommen. Aber Fehlanzeige. Dann würde er eben warten müssen.

21. Kapitel

Als sich in der Schule dann endlich die Gelegenheit ergab, platzte Fabian fast vor Neugierde. „Was war denn los? Ihr wolltet doch bis Sonntag bleiben? Und warum soll ich Oliver nichts sagen? Was überhaupt?"
Wahrscheinlich hätte Fabian noch mehr Fragen auf einmal gehabt, doch Johanna unterbrach ihn: „Langsam, langsam. Wo soll ich denn bei so vielen Fragen anfangen? Also das Wichtigste zuerst: Bitte sag von dem, was ich dir jetzt erzähle, nichts Oliver. Tut mir leid, aber ich trau ihm immer noch nicht ganz über den Weg und ich möchte nichts von dem in eurer Zeitung lesen, okay?"
„Okay – ich hab ja auch so meine Erfahrungen mit Oliver gemacht. Ein Geheimnis würde ich ihm als letztes anvertrauen, aber übertreibst du trotzdem nicht ein bisschen? Ich meine, was ist denn so Dramatisches passiert?"
„Kann schon sein, aber hier geht es nicht nur um mich, und da bin ich lieber etwas übervorsichtig."
„Jetzt schieß schon los!", drängte Fabian, der mittlerweile vor Neugierde fast platzte.
Und dann berichtete sie ausführlich über das Geschehene. Fabian traute kaum seinen Ohren. So etwas kannte er sonst nur aus dem Fernsehen. Dieser Thorsten war völlig neben der Spur. Aber wie sollte man ihm das beibringen? Zusammen überlegten sie, wie sie damit umgehen sollten. Aber wie sie es auch drehten und wendeten:

Theoretisch ließ sich das Problem nicht lösen. Thorsten musste kapieren, dass er damit aufhören musste. Schließlich entschieden sie sich dafür, dass der kommende Samstag, der Tag des Auswahlspiels, die beste Gelegenheit bot. Bis dahin mussten sie sich noch gedulden.

Dann war es endlich so weit. Der große Tag war da: das Auswahlspiel – Qualifikation für die Landesliga. Johanna war schrecklich nervös. Einerseits war sie froh, dass der Spuk jetzt endlich bald vorüber war. Bald wäre alles wieder so wie früher – hoffte sie wenigstens. Doch sie würde noch ein Gespräch mit Thorsten führen müssen … Das war sie Leona und auch sich selbst schuldig.
Mit Fabian hatte sie überlegt, wie sie es anstellen wollte, doch jetzt, wo dieses Gespräch unmittelbar bevorstand, hatte sie ein enormes Kribbeln im Bauch und ihre Beine waren weich wie Pudding. Wie gut, dass sie Fabian bei sich hatte. *Die Macht der Presse darf man nicht unterschätzen,* dachte sie und wäre die Angelegenheit nicht so ernst, hätte sie über diesen Gedanken fast lachen können. Zusammen betraten sie die Trainerkabine.
„Thorsten, ich muss mit dir reden“, begann sie mit betont ruhiger Stimme. Sie musste sich sehr zusammennehmen, damit sich ihre Stimme nicht überschlug.
„Muss das jetzt sein?“, fragte Thorsten brummig. „Vor dem Spiel?“
„Ja, muss es!“, antwortete Johanna bestimmt.
„Dann mach schnell!“, räumte Thorsten immer noch recht widerwillig ein. „Dein Timing ist nicht gerade

großartig! Was gibt es denn?“ Abwechselnd schaute er jetzt Johanna und Fabian an. Er schien wirklich keine Ahnung zu haben, was die beiden von ihm wollten. Johanna holte den Medikamentenstreifen aus der Tasche, den sie von Leona bekommen hatte. Eine Pille steckte noch darin. Zum Glück hatte Leona nicht alle Pillen geschluckt. Thorsten war sichtlich irritiert, als Johanna mit dem Streifen vor seinen Augen herumwedelte.

„Was soll das?“, fragte er mit scharfem Unterton. „Und was will der hier?“ Die Frage war auf Fabian bezogen.

„‚Der hier‘ gehört zu mir“, erwiderte Johanna selbstbewusst. „Und was es mit den Pillen auf sich hat, weißt du genau. Also tu nicht so!“

„Woher hast du die?“, wollte Thorsten wissen.

„Von Leona“, war die knappe Antwort.

„Und?“ Thosten schien wirklich nicht zu kapieren. Hatte er gar keine Schuldgefühle, kein schlechtes Gewissen? Nichts? Johanna hätte eine andere Reaktion erwartet.

„Du hast Leona die Pillen gegeben, die gleichen, die du auch mir angeboten hast.“

„Ach, hab ich das?“ Thorsten stellte sich dumm. „Wer sagt denn das?“

Johanna wurde stocksauer. Mit allem hätte sie gerechnet, aber nicht damit. Jetzt war er sogar zu feige, offen zuzugeben, dass er die Mädchen mit seinen Pillen versorgen wollte.

Fabian hatte das Gespräch schweigend verfolgt. Auch in ihm stieg eine unbändige Wut auf. Was war das nur für ein Mensch?

„Du und ich, wir wissen genau, dass die Pillen von dir kommen. Und Leona weiß es auch. Ich will, dass du damit aufhörst! Hast du mich verstanden? Ich will, dass du uns alle in Zukunft mit dem Zeug in Ruhe lässt. Du hast doch wohl selbst gesehen, was die Pillen mit Leona angerichtet haben. Wenn du die Pillen noch einmal anbietest, dann …“ Weiter wusste Johanna nicht. Womit sollte sie ihm drohen? Sie wusste, dass sie Thorsten nichts nachweisen konnte. Er würde einfach alles leugnen und sie wäre die Dumme. Thorsten wusste das genau.
„Was dann?“, fragte er mit schneidend scharfer Stimme. „Willst du mir drohen? Das ist doch lächerlich! Alle Welt wird glauben, dass du aus Enttäuschung über deine schlechten Leistungen Unwahrheiten verbreitest. Tu mir einen Gefallen, Johanna, lass mich in Ruhe und nimm den da gleich mit.“ Er nickte in Richtung Fabian. „Ich habe ein wichtiges Spiel vor mir. Wenn du nichts Besseres zu tun hast, als in anderer Leute Angelegenheiten herumzuschnüffeln, dann ist das dein Problem, nicht meines! Sonst noch etwas? Sonst lass mich jetzt in Ruhe!“ Das war keine Bitte, sondern eine Aufforderung. Für Thorsten war das Gespräch beendet. Wie eine lästige Fliege wollte er die beiden nur aus seiner Kabine scheuchen. Doch da hatte er nicht mit Fabian gerechnet. Bisher hatte dieser nur zugehört, jetzt mischte er sich ein.
„In der nächsten **Droste-News** erscheint schon ein Artikel über Doping. Ein paar gezielte Hinweise auf bestimmte Trainingsmethoden könnten da allerdings noch folgen!“ Johanna war froh, dass sie Fabian an ihrer Seite hatte. Sie

hätte Thorsten nichts mehr entgegensetzen können. Das wäre eine katastrophale Niederlage gewesen. Fabian gab dem ganzen Gespräch jetzt noch mal eine Wende.
„**Droste-News**“, schnaubte Thorsten verächtlich. „Was soll das denn sein?“
„Unsere Schülerzeitung!“, gab Fabian zur Antwort.
„Schülerzeitung! Junge, mach dich nicht lächerlich.“
Doch Thorstens Fassade schien zu bröckeln. So ganz gleichgültig, wie er sich versuchte darzustellen, war er offensichtlich doch nicht mehr.
„Unsere Schülerzeitung wird von vielen Leuten gelesen und wenn so etwas erst mal in Umlauf ist, dann verbreitet es sich oft von selbst weiter. Auch wenn es nur aus einer Schülerzeitung stammt!“
Thorsten schien einen Moment zu überlegen. Johanna war mächtig stolz auf Fabian. Wie sehr er sich für sie einsetzte!
Die Sache mit der Schülerzeitung zog – es machte doch mehr Eindruck auf Thorsten, als er zugeben wollte. Tatsächlich änderte er seine Taktik. War er bisher auf Angriff aus, so ging er jetzt zur Verteidigung über.
„Johanna, ich hab euch immer gut trainiert. Ich weiß wirklich nicht, was das Ganze jetzt soll. Du weißt genau, wie wichtig das heutige Spiel ist – für euch alle. Auch für dich! Ich dachte, du hättest selbst Lust auf die Landesliga. Können wir uns jetzt vielleicht auf das Spiel konzentrieren?“
Johanna befand sich in einem Gefühlschaos. Eben war sie noch stinkwütend auf Thorsten, jetzt tat er ihr fast leid.

Sie glaubte ihm sogar, dass er den Mädchen mit den Pillen nur „helfen" wollte. Es war trotzdem der falsche Weg. Sie hoffte nur, dass er das wenigstens verstanden hatte. Sie schmiss den Medikamentenstreifen mit einer lockeren Handbewegung in den Papierkorb.
„Lass uns auf das Spiel konzentrieren … und lass die Dinger da, wo sie hingehören!", sagte Johanna und deutete auf den Papierkorb. Mit diesen Worten verließen die beiden die Trainerkabine und ließen Thorsten wortlos zurück. Als sie ein paar Meter gegangen waren, sagte sie zu Fabian: „Danke! Ohne dich hätte ich nicht gewusst, was ich noch hätte sagen sollen."
Fabian grinste breit. „Kein Problem, gern geschehen. Da sieht man mal, wofür eine Zeitung alles gut ist."

Jetzt konnte sie mit der Sache abschließen. Sie war sich ziemlich sicher, dass Thorsten ihre Botschaft verstanden hatte. Doch für sich musste sie eine Entscheidung treffen. Egal, was das Spiel bringen würde, sie musste sich fragen, wie sie weitermachen wollte. Wenn sie tatsächlich in die Landesliga käme, bliebe der Druck, der schwer auf ihr lastete. Sie beschloss, einfach alles auf sich zukommen zu lassen. Nach dem Spiel würde sie schon wissen, was zu tun sei. Sie machte sich auf den Weg zur Umkleidekabine.
„Sehen wir uns nach dem Spiel?", fragte sie Fabian.
„Ich bin da! … Viel Glück!", setzte er hinzu.

Wie aufgekratzt führten sich die Mädchen in der Umkleidekabine auf. Selbst Janine und Katharina waren zu aufgeregt, um zu lästern; das wollte schon etwas heißen. Johanna betrachtete das ganze Spektakel völlig unbeteiligt, als wäre sie gar nicht wirklich dabei, als säße sie entspannt vor dem Fernseher. Sie fühlte sich gut dabei. Auch die volle Tribüne – sonst eher ungewöhnlich – machte sie nicht nervös. Höchstens die Tatsache, dass auch Fabian unter den Zuschauern war. Aber das war eine andere Sache.

Als die Mädchen aus der Kabine kamen, fing Thorsten sie noch mal kurz ab. Von dem Gespräch war ihm nichts mehr anzumerken. Er war so konzentriert auf das bevorstehende Spiel, dass er offensichtlich alles andere beiseite geschoben hatte. „Okay, keine lange Rede mehr. Ihr alle wisst, worum es bei dem Spiel heute geht – Vergesst es!"

Jetzt waren die Mädchen überrascht. Was sollte das bedeuten? „Ja, ihr habt schon richtig gehört. Denkt nicht daran, dass dies ein besonderes Spiel ist. Ist es nicht. Es ist ein ganz normales Spiel und ihr gebt einfach euer Bestes. Ja?", fuhr Thorsten fort.

„JA!", jubelten die Mädchen im Chor. Selbst Johanna konnte sich der Euphorie nicht länger verschließen.

Als sie in die Halle kamen, tobte die Masse. Der Gegner war stark und alle erhofften sich ein spannendes Spiel. Aus dem Augenwinkel heraus sah Johanna zwei Männer, die sie für die Verbandsvertreter hielt.

Thorsten, der Johannas Blick gefolgt war, nahm sie noch mal beiseite: „Da sitzt deine Zukunft! Ich hoffe, du weißt das. Sei vernünftig und vermassele dir nicht selbst diese enorme Chance."

„Werden sehen", gab Johanna nüchtern zur Antwort. Sie freute sich jetzt erst einmal auf das Spiel, aber aus den richtigen Gründen, wie sie fand.
Dann kam der Anpfiff. Ein schnelles Spiel. Ein starker Gegner – aber Johannas Mannschaft war auch richtig gut! Alle gaben ihr Bestes, trotzdem verloren sie das Spiel – knapp mit 20 zu 22. Die Vertreter der Landesliga waren offensichtlich zufrieden. Thorsten gab den Mädchen zu verstehen, dass sie in der Halle warten sollten, bis der Trubel sich gelegt hatte.

Die beiden Vertreter beglückwünschten die Mädchen zu ihrem Spiel und trotz der Niederlage fanden sie, dass es eine klasse Partie war. Auch Thorsten gratulierten sie zu seiner Trainerleistung. Johanna gönnte ihm das – im Grunde war er kein schlechter Typ. Wenn das mit den Pillen nicht gewesen wäre … Sie waren auch ohne Pillen leistungsstark. Warum konnte er das nicht einsehen?
Dann wurde es still. Alle Mädchen wussten, worum es ging. Wer kam in die Landesauswahl? Die Vertreter kamen umständlich zum Punkt. Alle Mädchen hatten gut gespielt. Aber leider, leider konnten nur zwei die Chance auf eine weitere Qualifikation erhalten. Und so weiter und so weiter. Die Spannung in der Halle war enorm. Man hörte es förmlich knistern. Und dann standen zwei Namen im Raum – wenig überraschend für die meisten. Thorsten freute sich.
Doch dann kam eine Überraschung, mit der niemand gerechnet hatte. Niemand.

22. Kapitel

Als Johanna aus der Halle kam, wartete Fabian schon auf sie. Trotz aller Ereignisse der letzten Tage war Johanna eine begeisterte Sportlerin. Das Spiel war ihr wichtig – Erfolg und Anerkennung auch.
„Und?“, fragte er erwartungsvoll.
„Wie hat dir das Spiel gefallen?“ Johanna wollte Fabian noch etwas auf die Folter spannen.
„Ihr wart klasse – echt. Ihr hättet genauso gut gewinnen können!“ Das war Fabians ehrliche Meinung. „Nun sag schon, was haben die Verbandsknaben gesagt?“ Fabian platzte fast vor Neugier.
„Also, wenn ich will, kann ich zum Probetraining in die Landesliga!“
„Mensch, super!“ Fabian freute sich wirklich für Johanna. Sie war heute verdammt gut und sie hatte die Chance verdient. Es gab also doch so etwas wie Gerechtigkeit!
„Ich verzichte aber drauf.“
Es brauchte einige Zeit, bis diese Information bei Fabian ankam.
„Moment mal, du willst sagen, du bekommst die große Chance und verzichtest drauf?“ Fabian konnte nicht glauben, was er da gerade gehört hatte. „Warum?“
Johanna überlegte einen Moment. Ihr gingen tausend Dinge durch den Kopf und sie war hin und her gerissen.

Die Aussicht auf die Landesliga war natürlich verlockend! Andererseits wusste sie nur zu gut, was das bedeuten würde. Sie würde irgendwann wieder den Verein wechseln müssen, hätte noch weniger Zeit für andere Dinge und, und, und. Thorstens Verhalten hatte ihr auch ziemlich zu denken gegeben. Nein, das war alles zu viel für sie. Außerdem gab es da noch einen anderen Grund …

„Ich hab jetzt Wichtigeres zu tun, als drei- bis viermal in der Woche zum Training zu gehen …"

In Fabians Gesicht zeichnete sich ein immer größeres Fragezeichen ab.

Johanna lachte. „Weißt du, ich hab jetzt einen Freund … na ja und dem wird es bestimmt nicht gefallen, wenn ich mehr Zeit in der Halle verbringe, als mit ihm … Ich meine, so ein bisschen Training muss sein … Aber eben nicht übertrieben, weißt du."

Johanna – einen Freund? Davon wusste Fabian nichts …

Johanna konnte ein Lachen kaum noch unterdrücken.

„Wir sind doch zusammen, oder etwa nicht?", platzte es aus ihr heraus.

Jetzt war Fabian völlig sprachlos. Johanna war wirklich für Überraschungen gut! Zu hören, dass sie einen Freund hatte, hatte ihm einen Stich versetzt; dass er damit gemeint war, ließ sein Herz höherschlagen. Immer noch sprachlos nickte er.

„Na, also … komm schon, willst du mich nicht nach Hause bringen?"

„Logo!", sagte Fabian, der mittlerweile seine Sprache wiedergefunden hatte und Johannas Hand nahm.